中国开放型经济研究丛书

求是智库
ZJU Think Tank

杭州数字自贸试验区发展报告2024

浙江大学中国开放型经济研究中心
中国（浙江）自由贸易试验区杭州片区管委会 ◎主编

THE ANNUAL DEVELOPMENT REPORT OF

HANGZHOU DIGITAL FTZ 2024

ZHEJIANG UNIVERSITY PRESS
浙江大学出版社
·杭州·

图书在版编目（CIP）数据

杭州数字自贸试验区发展报告. 2024 / 浙江大学中国开放型经济研究中心，中国(浙江)自由贸易试验区杭州片区管委会主编. — 杭州 ：浙江大学出版社，2025.6.
ISBN 978-7-308-26393-1

Ⅰ. F752.855.1

中国国家版本馆 CIP 数据核字第 2025B7P651 号

杭州数字自贸试验区发展报告 2024

浙江大学中国开放型经济研究中心
中国(浙江)自由贸易试验区杭州片区管委会　　主编

策划编辑	吴伟伟
责任编辑	葛　超
责任校对	金　璐
封面设计	雷建军
出版发行	浙江大学出版社
	（杭州市天目山路 148 号　邮政编码 310007）
	（网址：http://www.zjupress.com）
排　　版	大千时代(杭州)文化传媒有限公司
印　　刷	浙江新华数码印务有限公司
开　　本	710mm×1000mm　1/16
印　　张	8.75
字　　数	106 千
版 印 次	2025 年 6 月第 1 版　2025 年 6 月第 1 次印刷
书　　号	ISBN 978-7-308-26393-1
定　　价	78.00 元

总　序

　　七十余载砥砺奋进，四十多年开放图强。自新中国成立以来，特别是在改革开放的壮阔征程中，中国从世界经济格局的边缘参与者，历史性地跃升为全球第二大经济体、第一大制造业国与货物贸易国。这一震撼世界的"中国奇迹"，其深层密码在于实现了从被动"嵌入型全球化"到主动"赋能型全球化"的战略跃迁。这是一条对外开放与对内改革辩证统一、协同推进的渐进式发展道路，为后发大国如何通过开放实现赶超与引领，提供了极具启示意义的"中国方案"。

　　这条道路彰显出鲜明的"中国特色"：它是社会主义初级阶段大国开放的生动实践，凝结为五大核心特征——以"跨越式发展"为显著标识的增长轨迹，以"动态跃迁"为内在动力的结构升级，以"渐进式开放"为稳健基调的路径选择，以"开放倒逼改革"为关键机制的转型逻辑，以"区际国际双重开放"为空间格局的大国禀赋。深刻总结这一波澜壮阔的实践历程，系统提炼其内在演化规律，并升华为具有普遍解释力的理论命题与体系，正是中国开放型经济学人的时代使命与学术担当。

　　浙江大学中国开放型经济研究中心，作为浙江省哲学社会科学研究的重要平台，自 2005 年创立伊始，便以探究国家与区域开放型经济发展的理论与实践前沿为己任。中心始终秉持"高水平研究立基、高素质人才固本、高质量服务致用"的宗旨，紧密对接国家重大战略需求与世界学术潮流。在百年变局加速演进、全球治理深刻重塑的今天，我们聚焦四大关键领域持续深耕："双循环"新格局与开放战略转型，探究内外联动、安全高效的开放体系重构；国际规则话语权与数字贸易前沿，把握全球治理变革与数字经济浪潮下的中国角色；高水平制度型开放与自贸区（港）建设，探索对标国际高标准经贸规则的核心制度创新；对外开放与国内统一大市场建设，剖析开放红利释放与内需潜力激发的协同机制。

今年恰逢浙江大学中国开放型经济研究中心成立二十周年。本套"中国开放型经济研究丛书"，正是中心同仁及学界伙伴们对这一宏大时代命题的集体回应，亦是我们给中心二十华诞的一份学术献礼。丛书立足中国大地，特别是站在浙江这一开放前沿阵地，放眼全球，研究阐发中国开放道路的独特性与必然性，提炼其蕴含的普遍性发展智慧，为构建具有中国特色、中国风格、中国气派的开放型经济理论体系添砖加瓦。我们期待，丛书的出版能推动学界对中国开放经验的深入探讨，为新时代新征程上中国更高水平开放型经济的建设提供智力支撑，也为世界贡献源于中国实践的发展经济学新知。

探索未有穷期，研究永无止境。本丛书愿成为这一伟大探索征程中的一块铺路石，见证并服务于中国开放型经济行稳致远的壮丽未来。

黄先海

浙江大学中国开放型经济研究中心主任

2025 年 7 月

目　录

专题篇

实践案例篇

杭州数字自贸试验区发展报告(2024)

　　数字经济沃土支撑杭州成为国内首个数字自贸试验区,而打造杭州数字自贸试验区不仅是促进杭州数字经济高质量发展的需要,更是国家的战略需要。自 2020 年 8 月 30 日获批设立以来,杭州自贸片区围绕"三区一中心"功能定位,着力打造国内首个以数字为辨识度的自贸试验区。特别是 2023 年以来,杭州基于国家自由贸易试验区战略定位提升,在更广领域、更深层次开展探索,全面对接高标准经贸规则,推进数字贸易领域制度型开放,以自贸区赋能数字经济产业体系构建,着力优化数字营商环境,构建国内领先、全球一流的数字自贸试验区。

　　本报告在调研基础上,分析了中国(浙江)自贸试验区杭州片区在打造数字自贸试验区方面的建设基础、改革成效,并在分析国内自贸试验区数字经济领域改革试点基础上,提出了发展趋势和展望。

一、杭州数字自贸区建设基础及条件

(一)自贸试验区的基本概况及形势任务

建设自由贸易试验区(以下简称自贸试验区)是我国在新时代推进改革开放的重要战略举措,在我国改革开放进程中具有里程碑意义。建设自贸试验区、海南自由贸易港,是高水平对外开放的生动实践。

新时代,我国自贸试验区建设从上海起步,形成了拥有22个自贸试验区的"雁阵",海南自由贸易港建设蓬勃展开,有效发挥了改革开放综合试验平台作用。包括中国(浙江)自贸试验区杭州片区在内,各自贸试验区以制度创新为核心,以可复制可推广为基本要求,以风险防控为底线,全力推进相关领域改革开放创新,为全面深化改革和扩大开放探索新途径、积累新经验。

1. 我国自由贸易试验区发展概况

自2013年8月上海自贸试验区挂牌成立到2024年,国务院先后批复成立上海、广东、天津、福建、新疆等22个自贸试验区,赋予自贸试验区大胆创新、深化改革、形成经验、复制推广的使命,形成覆盖东西南北中的试点格局。

纵观全国22个自贸试验区,按功能大体可分为以下几类:一是综合类自贸试验区,以上海自贸试验区(包括临港新片区)为代表,国家对外开放领域的各类创新都在此类自贸试验区先行压力测试,成熟后全国复制推广。二是传统类自贸试验区,以交通枢纽或边境城市为主,大多是货物贸易的集散地,如天津自贸试验区。三是特色类自贸试验区,与地方优势与产业特色紧密结合,形成高水平对外开放的核心优势,如以深度融入粤港澳大湾区为显著特征的深圳自贸片区，以深化生物医药全产业链创新为突破口的苏州自贸片区，以推进数字贸易改革创新为特色的杭州自贸片区。

2. 自贸试验区杭州片区基本概况

2020 年 8 月 30 日，中国（浙江）自由贸易试验区实现扩区，杭州成为新设片区之一。2020 年 9 月中国（浙江）自由贸易试验区杭州片区挂牌建设。杭州片区的布局为"自贸试验区＋联动创新区＋辐射带动区"三位一体的"全域自贸"格局。其中自贸试验区实施范围为 37.51 平方公里，包括钱塘区块、萧山区块、滨江区块。联动创新区实施范围为 118.08 平方公里，包括上城、余杭、临平联动创新区。辐射带动区为自贸试验区功能拓展、项目落地、产业辐射的区域，范围包括杭州全市域。

钱塘区块 10.10 平方公里，由杭州综合保税区、大创小镇、东部湾总部基地等组成，重点发展数字贸易、跨境电商、生命健康、智能制造、跨境金融、研发检测、保税贸易等产业；萧山区块 16.09 平方公里，由萧山经济技术开发区和杭州空港经济区组成，重点发展数智制造、跨境电商、临空高端服务、生物医药、科创金融等产业；滨江区块 11.32 平方公里，由物联网小镇、互联网小镇等组成，重点发展数字经济、金融科技、人工智能、数字识别（安防）等产业。

3. 自贸试验区建设的形势任务

十年来，各自贸试验区贯彻落实党中央决策部署，推出了一大批基础性、开创性改革开放举措，形成了许多标志性、引领性制度创新成果，有效发挥了改革开放综合试验平台作用。2023 年 9 月召开的自贸试验区建设十周年座谈会强调，新征程上，要在全面总结十年建设经验基础上，深入实施自贸试验区提升战略，勇做开拓进取、攻坚克难的先锋，在更广领域、更深层次开展探索，努力建设更高水平自贸试验区。党的二十届三中全会对完善高水平对外开放体制机制作出部署,提出"实施自由贸易试验区提升战略,鼓励首创性、集成式探索","加快建设海南自由贸易港"。2024 年 8 月 29 日,中央深改委第六次会议审议通过《关于实施自由贸易试验区提升战略的意见》,会议指出:"实施自由贸易试验区提升战略,目的是在更广领域、更深层次开展探索,实现自由贸易试验区制度型开放水平、系统性改革成效、开放型经济质量全面提升。"

党中央对自贸试验区提升战略实施愈加重视,自贸试验区的改革创新迈向了深水区。当前,自贸试验区的制度型开放已从边境上开放逐渐往边境后开放延伸,从以货物贸易为主向服务贸易、数字贸易等方向拓展。而杭州数字自贸试验区正逢其时,以数字赋能治理,将更多市场行为置于无感监管体系中,减少不必要的管理流程和人为干预,稳定市场预期,努力形成对接国际高标准经贸规则的全国样板。

(二)自贸试验区面临的机遇

1. 自贸试验区面临新一轮改革赋权的机遇

对接国际高标准经贸规则是自贸试验区建设的重要任务。2023 年 11 月 26 日,国务院印发《全面对接国际高标准经贸规则推进中国(上海)自由贸易试验区高水平制度型开放总体方案》(国发〔2023〕23 号)(以下简称《总体方案》)。《总体方案》提出在上海自贸试验区规划范围内,率先构建与高标准经贸规则相衔接的制度体系和监管模式,打造国家制度型开放示范区,为全面深化改革和拓展开放探索新路径、积累新经验。《总体方案》聚焦 7 个方面,提出 80 条措施。

一是加快服务贸易扩大开放。推动金融、电信等重点领域高水平开放,提升跨境投融资便利化水平,支持跨国公司设立资金管理中心,提高电信业务服务质量,引领服务业制度型开放。二是提升货物贸易自由化便利化水平。优化完善进境修理货物、商用密码产品、医疗器械、葡萄酒等特定货物进口管理,试点实施简化境内检疫程序、扩大预裁定申请主体范围等便利化措施,着力构建科学、便利、高效的管理模式。三是率先实施高标准数字贸易规则。支持上海自贸试验区率先制定重要数据目录,探索建立合法安全便利的数据跨境流动机制,加快数字技术赋能,推动电子票据应用,推动数据开放共享,构筑数字贸易发展新优势。四是加强知识产权保护。加大商标、专利、地理标志等保护力度,进一步加强行政监管和司法保护,全面提升知识产权保护能力。五是推进政府采购领域改革。接轨国际通行规则,进一步优化采购程序,完善采购管理,加强采购监督,构建规范透明、科学严密的政府采购管理体系。六是推动相关"边境后"管理制度改革。深化国有企业改革,加强劳动者权益保护,支持开展绿色低碳领域国际合作,鼓励环境产品和服务进出口,营造公平、透明、可预期的发展环境。七是加强风险防控体系建设。完善监管规则,创新监管方法,健全权责明确、公平公正、公开透明、简约高效的监管体系,推进全流程监管。

日前,国际高标准经贸规则是自贸试验区杭州片区对接的方向,上海自贸试验区的试点是对标的标杆。杭州要以更高水平压力测试推进制度型开放,以更大力度先行先试推动深层次改革,以更广领域试验探索助力高质量发展。

2. 自贸试验区面临促进数据跨境流动的机遇

数据运用是数字经济发展的关键,数据跨境流动是数字贸易的支柱,也是国际贸易协定和国际投资协定中关注的焦点。随着《中华人民共和国网络安全法》《中华人民共和国数据安全法》和《中华人民共和国个人信息保护法》等法律和规定的实施,我国数据跨境流动的制度框架初步建立。自贸试验区作为制度创新的

"试验田",承担着探索数据跨境流动新路径、新规则的重要使命,当前,国内自贸试验区在促进数据跨境流动方面的一系列创新举措,让数据跨境流动领域迎来了全新的发展机遇。

一是数据跨境流动制度体系不断健全。

国家网信办陆续出台了一系列规范数据跨境流动的管理办法,如《数据出境安全评估办法》《个人信息出境标准合同办法》等,并根据实际发展需求不断优化调整。2024年3月,国家网信办又出台了《促进和规范数据跨境流动规定》,进一步放宽了数据跨境流动的条件,简化了个人信息出境合规流程,收窄了安全评估的范围。同时,该规定在自贸试验区引入了数据负面清单制度,赋予自贸区内负面清单外的数据出境免予申报数据出境安全评估等权限。这些办法和规章的出台,为促进数据跨境依法、有序、自由流动提供了更全面的合规化保障。

二是自贸试验区密集发力数据跨境流动探索。

目前,各自贸试验区在建立市场化、便利化数据跨境流动新机制的过程中密集发力,聚焦数据清单、服务平台、数据特区等方面积极开展先行先试。如上海自贸试验区,特别是临港新片区,建立了数据跨境流动分类分级管理机制,发布了两批数据跨境场景化一般数据清单。推动跨境数据服务平台建设,探索个人信息出境标准合同试点,为数据的跨境传输提供便利化路径。北京市网信办、北京市商务局、北京市政务服务和数据管理局于2024年8月30日联合发布《中国(北京)自由贸易试验区数据出境管理清单(负面清单)(2024版)》。其涉及汽车、医药、零售、民航、人工智能等5个行业48项数据,是北京发布的首个场景化、字段级数据出境负面清单,明确在相关行业的适用情形,详细规定这些情形下需要通过数据出境安全评估的数据清单和需要通过个人信息出境标准合同备案、个人信息保护认证出境的数据清单。海南自贸港率先打造数字保税区,探索数据监管沙盒模式,为产生于境外的数据要素提供收集、存储、加工、治理、交易等增值服务。天津自贸试验区发布数据跨境流动管理的负面清单,允许自贸区内企业基于业务需求访问国际互联网。

三是自贸试验区杭州片区抢占数据跨境流动先机。

杭州片区早在建设方案中就提出,要争取数据分类监管政策,开展商务数据跨境流动试点,为数字经济、人工智能、智能制造等提供跨境数据有序流动的便利。目前,杭州片区在数据跨境安全有序流动方面取得了显著成效。率先开展数据要素市场化改革,探索公共数据授权运营试点,落地浙江大数据交易中心和杭州数据交易所。挂牌设立了全省首个数据安全实验室,组建数据跨境服务联盟,为企业开展数据出境合规评估提供专业辅导,杭州片区数据跨境出境流动评估企业申报数及通过数均居全国第一,完成全国首例个人信息出境标准合同备案审核,持续推进跨境数据流动专用通道使用扩面提质。此外,与上海临港新片区签订了《数据跨境领域合作备忘录》,合作探索数据跨境便利流动的新模式。

(三)杭州自贸片区建设数字自贸区的优势条件

1. 数字经济产业体系健全

数字经济产业链完整且多元化。杭州数字经济产业已经形成了云计算、大数据、人工智能、区块链、电子商务、金融科技等多元领域的生态,涵盖从基础层、技术层到应用层、融合层的完整产业链。基础层包括云计算、大数据等基础设施服务;技术层包括人工智能、区块链、物联网等前沿技术;应用层覆盖了电子商务、金融科技、智慧物流等多个领域;融合层是数字经济与实体经济深度融合的产物,如智能制造、智慧城市等。2023 年,全年数字经济核心产业增加值 5675 亿元,比上年增长 8.5%,占全市 GDP 比重达

28.3%;全市数字经济核心产业实现营收18737亿元,增长7.9%。

——基础层面。构建以5G通信为核心的固定网络"双千兆"(千兆宽带和千兆无线)并进的宽带网络架构,加速5G网络全面覆盖,并持续优化网络性能与质量。规划构建超大规模、绿色低碳且高效能级的云计算数据中心体系,以及云计算、边缘计算等多元化、普惠化新技术算力基础设施平台,满足不断增长的数据处理需求和应用部署需求。阿里巴巴、华数、城云科技、华三通信等企业共同撑起了杭州的云计算产业链,形成了全国大数据产业集聚优势。特别是阿里巴巴旗下的阿里云,其研制的"飞天"大规模分布式操作系统已成为国内首个单集群管理规模达到5000台服务器的通用云计算平台,显示了杭州在云计算技术方面的领先地位。另外还规划建设云栖小镇、杭州云谷等创新平台,着力构建集技术研发、应用、服务于一体的云产业生态圈。这些平台为云计算产业的发展提供了有力的支撑和保障。

——技术层面。在持续做优五大产业生态圈基础上,构建起以通用人工智能1个领域为突破赛道,以合成生物、元宇宙、未来网络、通用智能型机器人、量子科技、先进能源、前沿新材料7个领域为重点培育赛道,创建N个国家级、省级、市级未来产业先导区的"1+7+N"未来产业培育体系。"中国视谷"以视觉智能产业为核心,旨在打造国内领先、全球重要的视觉智能技术创新策源地、成果转化首选地、高端产业聚集地、产业生态最优地,提升杭州数字经济发展硬核实力,助力杭州打造万亿级智能物联产业生态圈。到2023年底,杭州市智能物联产业总体规模达8435.3亿元,拥有规上企业1206家。其中,10亿元以上企业108家,100亿元以上企业13家,500亿元以上企业3家,上市企业90家。当前杭州已印发高端装备、新材料、绿色能源等细分领域产业政策,制定人工智能、中国视谷专项政策,并建立起"5+X"产业政策体系,涵盖科技创新、人才建设、金融支持等多方面。

——应用层面。杭州作为全国首个跨境电子商务综试区，集聚了全国三分之二的跨境电商零售出口平台，跨境电商知名出口品牌占浙江的三分之一，拥有纺织服装、家具制造、羽绒及床上用品等 16 个跨境电商特色产业带，并形成集"领军企业＋中小卖家＋特色产业带"于一体的跨境电商产业体系。2023 年全年跨境电商进出口额达 1400.4 亿元，同比增长 16.4%。跨境电子商务的发展推动了数字金融在支付、跨境物流领域的创新。在数字金融方面，推进跨境支付结算便利化，扩大贸易外汇收支便利化试点和合格境外有限合伙人（QFLP）试点范围，推动在部分领域试行对外直接投资（ODI）、外商直接投资（FDI）预备案管理，实施"跨境人民币首办户拓展行动"2.0 版，指导企业用好本外币合一银行结算账户等便利化政策。持续深化金融科技创新监管试点，开展数据知识产权质押融资，创新知识产权证券化等金融产品，强化数字金融供给。在智慧物流方面，构建全球智能物流骨干网枢纽，拓展海外仓及跨境电商海外服务网络，创新航空电子货运试点，率先启动国际航线货物状态全球数字轨迹共享；建成航空物流公共信息平台，实现航空物流、货物申报和运输工具申报操作一站式办理；创新 eWTP（世界电子贸易平台）服务，eWTP 新型基础设施建设全球布局已覆盖 11 个国家和地区；落地菜鸟全球智慧物流枢纽杭州 eHub（电子枢纽）项目，与全球其他 eHub（列日、吉隆坡、迪拜、莫斯科等）互联互通。

2. 数字贸易发展氛围浓厚

数贸顶层设计不断优化。杭州出台《中国数贸港发展规划》《杭州市推进数字贸易强市三年行动计划（2024—2026 年）》两个政策文件。明确提出以浙江自贸试验区杭州片区为引领，以协同创新区为联动，以杭州临空经济示范区为支撑，以全域联动为方向，打造中国数贸港产业地标。明确深耕跨境电商、数字技术贸易、数字服务贸易、数字产品贸易、数据贸易等五大赛道，着力优化空间布局、做优产业生态、壮大市场主体，有章有法、有力有序推进数字贸易强市建设。在具体要求上，提出深化跨境电商综试区建设，推动"独立站＋智慧供应链＋品牌发展"等跨境电商发展模式创新。争创国家服务贸易创新发展示范区，加快培育数字技术、数字服务、数字产品等贸易业态，支持各类数字贸易平台创新发展，加快构建具有国际影响力的"1＋3＋1"数字贸易产业体系。

数贸规模快速增长。2023年，杭州数字贸易进出口额3190.7亿元（见图1），同比增长29.6%；跨境人民币结算量11264亿元（见图2），同比增长41.6%；跨境电商出口额1210.89亿元（见图3），同比增长20.06%；数字服务贸易出口额占服务贸易出口比重超70%，远高于全国40%左右的平均水平。杭州支持各类数字贸易平台创新发展，如阿里巴巴、全球速卖通等跨境电商平台，为全球近220个国家和地区的中小企业提供数字化支持。同时，杭州还积极推动数字贸易产业园区、孵化器等载体建设，为数字贸易企业提供全方位的服务。如2023年，滨江物联网产业园荣获国家数字服务出口基地量化考核"优秀"等次，综合得分位列全国第一。国家文化出口基地——中国（浙江）影视产业国际合作区的"以原创短视频为媒向世界讲好中国故事"入选国家文化出口基地第三批创新实践案例。知识产权服务出口基地的"以知识产权服务业集聚区建设支持区域创新发展"经验向全国推广。

数贸生态持续优化。在健全数字贸易服务上，打造知识产权国际商事调解云平台，涉及美国等25个国家（地区）；构建全国唯一数字文化出口领域的版权保护生态——"版钉"，为全国首例NFT（非同质化通证）维权案提供可信有效证明证据。蚂蚁集团万里汇等4家全球头部第三方跨境支付机构，全球前十占3家，跨境

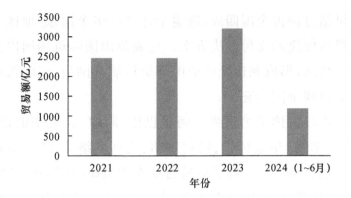

图 1　杭州数字贸易进出口额

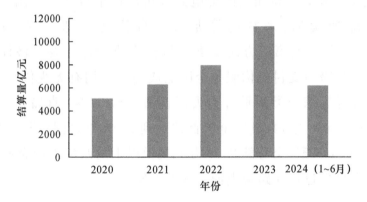

图 2　杭州跨境人民币结算量

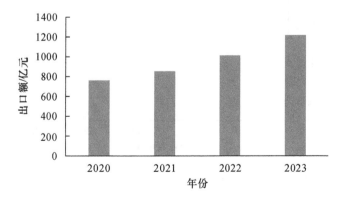

图 3　杭州跨境电商出口额

电商支付结算额占全国四成,覆盖全球 200 多个国家(地区),为数字贸易提供便捷的支付解决方案。建成萧山国际机场国内首个智能化国际货站,形成触达全球的国际货运航线网络,国际及地区货邮吞吐量位列全国第五。

数贸市场主体活力迸发。阿里巴巴、阿里云、大华股份、海康威视、华策影视、华数传媒、蚂蚁集团、菜鸟网络等 19 家杭州企业分别入选福布斯"2023 数字贸易行业企业 Top100",在 62 家国内企业中,杭州共有 19 家企业入选,占比 30.6%,仅比第一位的北京少 1 家(见图 4)。杭州的跨境电商零售出口平台数占全国三分之二,全球速卖通、来赞达等龙头平台快速全球布局。连连、PingPong 等杭州第三方跨境支付机构完成全球主要经济体合规布局,杭州跨境支付机构服务全国七成用户。拥有无忧传媒、遥望科技、谦寻等综合类和垂直类头部直播平台 32 家,直播相关企业注册量超 5000 家,数量居全国首位。到 2023 年,杭州跨境卖家已经达到 63436 家,交易额 2000 万元规模以上的跨境电商企业 1045 家,年交易额过亿元跨境电商企业 212 家。

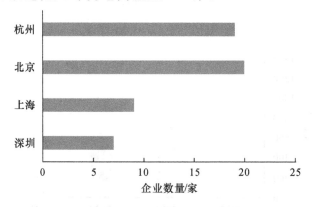

图 4   2023 全球数字贸易百强中国企业主要城市分布

3. 数字贸易营商环境良好

2024年6月1日《杭州市数字贸易促进条例》(以下简称《条例》)正式实施。《条例》作为全国首部地方性数字贸易促进条例,首次明确数字贸易的法定概念、范围和业态模式,首次立法明确政府可以推动制定和实施数据跨境流动的规则,首次明确政府各部门在促进数字贸易发展中的职责,填补数字贸易基础制度空白,进一步强化了数字贸易的法治保障,为数字贸易企业提供了安全、有序、开放的法治环境。此外,杭州市中院发布服务保障数字自贸区十项措施,互联网法院跨境贸易法庭、杭州国际商事法庭、自贸区共享法庭落地,数智在线商事调解模式构建"调解优先"解纷新格局,护航杭州高水平对外开放。通过建设国际商事纠纷多元化解平台,运用在线商事调解机制,加强境外数字贸易维权指导等措施,杭州有效维护了数字贸易企业的合法权益,提升了数字贸易的法治化水平。

4. 数字领域开放合作能级高

数贸会是目前国内唯一以数字贸易为主题的国家级、国际性、专业型展会,由商务部和浙江省人民政府共同主办,在重大国际会议上被多次提及,2024年数贸会又首次被写入国务院政府工作报告。数贸会不仅彰显了杭州自贸片区的数字辨识度,更为杭州数字贸易的创新发展提供了难得机遇。作为国家批复杭州自贸片区方案的重要任务,全球数字贸易博览会2023年升格为国家顶级展会。通过数贸会平台引领带动,杭州集聚了一批具有全球影响力的企业,全球创新指数城市排名连续两年居第14位,推动以展兴贸、以展招商、以展聚势,为打造国内首个数字自由贸易试验区创造了基础及条件。

二、杭州数字自贸区的改革探索

(一)杭州数字自贸区的概念及内涵

杭州在数字经济领域的先发优势支撑着杭州国内首个数字自贸试验区,国务院关于浙江自由贸易试验区的扩展区域方案明确支持杭州片区打造全国领先的新一代人工智能创新发展试验区、国家金融科技创新发展试验区和全球一流的跨境电商示范中心,建设数字经济高质量发展示范区。

《中国(浙江)自由贸易试验区杭州片区建设方案》提出,到2025年,对标国际一流,自贸试验区杭州片区初步建成贸易投资便利、创新活力强劲、高端产业集聚、金融服务完善、监管安全高效的数字自由贸易试验区,为国家在数字经济领域规则、规制、标准制定和管理创新等方面提供可复制可推广的经验。

2023年,杭州自贸片区出台《推进数字自贸区高质量发展实施方案》,提出杭州片区将聚焦全球一流的数字开放格局、数字贸易国际枢纽、跨境贸易数字营商环境、数字经济现代化产业体系,打造国内首个数字自由贸易试验区。至2025年,实际利用外资总额增速、外贸进出口总额增速要高于全省平均水平,对外投资备案额增长至40亿美元;数字贸易额增长至2800亿元、跨境结算规模突破8000亿元,彰显自贸提升杭州数字贸易国际地位的新优势;形成20个以上全国首创制度创新成果、对标数字经济伙伴关系协定(DEPA)地方案例数全国第一、外贸"单一窗口"用户量全国占比10%以上;杭州片区所在三区构建5个千亿级产业集群、新增国家高新技术企业2100家、新增上市企业20家。

杭州数字自贸区作为中国(浙江)自由贸易试验区的重要组成

部分，其核心目标是利用数字化改革推动贸易和投资的便利化、自由化，并构建与数字贸易高度相关的产业生态和营商环境。这一过程是数字化改革与自贸试验区建设的"双向赋能"，是制度创新与产业创新、科技创新、金融创新、贸易形态创新等一系列创新的"交互共促"。

（二）发挥自贸试验区赋能作用，推动数字经济产业链方面的改革探索

杭州自贸片区数字经济产业基础雄厚，已集聚了全省 60% 的省实验室，是省市两级数据交易中心所在地，正在加快建设国际零磁科学谷、"中国数谷"、中国医药港等重大创新和产业平台。杭州自贸片区持续发挥自贸试验区国家最高能级压力测试平台作用，加强在数据产权制度、保护制度和流动制度方面的探索，发展数据储存、跨境、加工和交易等全产业链，加速数据资产入表和数据产权价值化先行先试，引育一批龙头数商企业，持续赋能优化数字经济产业链，为杭州打造更加开放的数字经济第一城贡献自贸力量。本报告列举了杭州自贸片区聚焦数字经济细分领域的重大改革探索。

1. 创新建立入境特殊物品安全联合监管机制，破解生物医药产业瓶颈制约

用于研发的人源性血液、人体细胞等特殊物品，直接关系到创新药研发的速度和效率，但也具有较高的生物安全风险。为满足杭州地区生物医药企业研发需求，在确保生物安全风险可控的前提下，杭州自贸片区管委会同杭州海关等部门，创新建立入境特殊物品安全联合监管机制，将"源头检验"改为境内联合监管，列入白名单的企业，只要出示风险评估、通关证明等材料，口岸就会放行。

2023 年 5 月，首次运用联合监管机制进口的一批阴性血清顺

利通关后，运抵杭州片区萧山区块相关企业。2024 年 7 月，经过一年的试点实践及一系列优化措施，萧山区块某企业一批阴性人源血清，在杭州海关所属萧山机场海关监管下完成进口通关。该批血清是全省首单通过省内海关申报，运用联合监管机制和白名单制度进口的特殊物品，从国外航班起飞到抵达实验室投入使用，全程耗时不足 24 小时，运输及通关时效进一步提升。

除在通关流程上不断突破外，2024 年 8 月，钱塘区块某企业，通过联合监管机制，从瑞士进口了一批灭活阳性血样，首次在杭州片区范围内拓展了入境科研用物品范围，帮助企业实现了阳性血样零的突破，进一步加快新产品的研发进程。

2. 海关数字化、智慧化监管创新改革

杭州海关以改革和科技双轮驱动，大力推进智慧海关建设，实现通关和管理数字化、自动化、智能化，不断提升监管效能，助力自贸区杭州片区临空高端服务业、先进制造业、跨境电商发展。

滨江区块在杭州海关支持下，以大华为试点，推动其在厂内建设数字化、智能化保税仓库以及配套的 ERP（企业资源计划）系统，引导企业通过保税物流模式打造更加安全便捷的供应链渠道。在海关数字化监管的助力下，企业可以直接将采购数据生成为报关数据，并通过"中国国际贸易单一窗口"完成报关单自动申报。保税仓模式入出库物料都已经基本实现自动化申报，既减少了人工工作量，也降低了报关差错，一年可节约成本 600 多万元。

萧山区块发挥临空枢纽优势和产业基础优势，投入运营浙江省首家寄售维修保税仓库，联合钱江海关开发海关自助跟踪监管系统（STS 系统），完善仓库管理系统（WMS 系统），实现"一码追溯、全程闭环"，为周边的集成电路企业提供"7×24"小时零部件保税仓储及配送服务。

钱塘区块协同海关、机场、港口、商务、经信、电商平台、国资公

司等 10 个部门（单位），创新"数字综保"监管模式，打通 20 多套业务系统，构建数智通关、虚拟过卡、跨贸在线等场景，着力解决企业通关耗时长、成本高，业务拓展难、信息不对称等问题。

３.　数据知识产权质押融资及证券化改革

杭州片区大胆改革探索，落地数据知识产权质押融资及证券化改革新模式。

杭州片区在全省率先试点知识产权证券化改革，以证券化手段，将科技型企业知识产权通过价值评估具象化为可抵押的底层资产用以融资，为成长型科创企业提供成本较低的大额融资。在知识产权质押融资方面，杭州片区滨江区块强化数据集成运用，引入区块链存证技术，以区块链存证平台为依托，通过生成唯一的哈希指纹进行验证，对符合准入规范的数据内容予以存证和验证，有效防止数据篡改，全国首创"１＋Ｎ＋１"数据存证及质押新模式，即一条区块链、多个参与节点和一个存证证书，在全国范围内首创数据存证及质押，形成了数据知识产权评估、存证、质押、许可的新模式，助力企业数据资产价值转化，实现知产变资产、数据成红利。

（二）以数字自贸区为牵引，推动数字贸易制度型开放改革探索

数字贸易是杭州数字自贸区的核心业态，杭州发挥自贸试验区的大胆试、大胆闯优势，围绕破解跨境电商通关、金融、物流等领域的瓶颈制约，推进贸易便利化行动，赋能杭州这个全国首个跨境电商综合试验区提能升级。

数字服务贸易是杭州数字自贸区深耕的细分赛道之一，包括数字金融、视觉智能、智慧医疗、智慧物流、在线教育、远程办公等行业，已经成为杭州服务外包的绝对主力军。运用数字自贸试验区平台，积极争创国家服务贸易创新示范区，在数字技术应用、数

据开放共享等重点领域深化制度型开放,有利于形成数字服务贸易发展新增长点。

本报告列举了杭州片区以数字自贸区为牵引,推进数字贸易制度型开放的改革实践。

1. 全国首个数智化在线调解模式赋能数字服务贸易发展

在杭州市中级人民法院的指导下,由杭州市贸促会主办的中国(杭州)知识产权·国际商事调解云平台于杭州片区挂牌设立之初即上线运营。这一"数智化"在线商事调解模式借助大数据、人工智能等数字化手段,打破了调解的时空限制,为用非诉讼方式解决知识产权和国际商事纠纷提供"杭州方案",实现了知识产权和国际商事纠纷调解"一次不用跑"。目前,共有香港国际调解中心、新加坡国际调解中心、杭州市中级人民法院专职调解机构以及全国贸促系统部分调解中心等共计92家调解机构近1400位中外调解员入驻平台提供商事调解服务。

2. 推进新型离岸国际贸易创新发展模式

杭州自贸片区秉持"鼓励创新、包容审慎"的管理理念,在萧山区块率先试点,采取多种方式有力推进新型离岸贸易创新发展。杭州针对企业在国内完成产品设计,通过国际代理商开展销售,最后委托海外公司制造并完成订单交付的新型离岸国际贸易方式,指导银行支持企业交易后收汇并负责产业链各参与方的结算等,同时梳理研究特殊单证处理方案。目前,新型离岸国际贸易中的离岸转手买卖、全球采购、委托境外加工等3种模式已在杭州片区多家企业落地。

3. 落地全国首个跨境电商网购保税零售进口商品跨关区退货试点

以跨境电商为代表的数字订购贸易是杭州数字贸易的优势产

业,推动跨境电商高质量发展是杭州数字自贸区的重要任务。自2023 年 9 月 20 日起,杭州综合保税区落地全国首个跨境电商网购保税零售进口商品跨关区退货试点。试点突破传统的单一关区退货限制,实现"一点退全国",显著降低企业运营成本。通过不同关区数据库系统协同工作,制定风险防控措施,打破不同直属海关区间的数据藩篱,成功实现交易放行数据跨关区共享、退货监管信息跨关区互认。

截至 2024 年 7 月,已处理跨关区退货商品 9.67 万件,货值2972.5 万元。这标志着杭州综合保税区在联合监管方面开创了跨关区退货业务新模式,不仅实现了长三角自贸试验区之间与上海的监管联动,省内片区之间与温州联动创新区(综试区)的监管联动,更推进了与郑州、广州、厦门等自贸试验区的监管互动。

4. 本外币合一银行结算账户体系试点赋能数字贸易结算

经过杭州自贸片区会同浙江省外汇管理局向上争取,2021 年7 月 26 日,中国人民银行在杭州、广州、福州、深圳等 4 个城市率先启动了本外币合一银行结算账户体系试点,中国人民银行杭州中心支行当天就为 15 家单位开立结算账户,杭州自贸片区内一批数字贸易企业率先获益。

自此,单位和个人可以根据财务管理需要,选择使用多币种结算的账户管理本外币资金,或者使用单一币种结算的账户分别管理本币和外币资金。同时,单位和个人跑一次银行即可向试点银行申请开立多币种银行结算账户,使用一个账户展示本外币资金;或者申请开立单币种银行结算账户,后续视需要申请开通相应币种结算服务。

2022 年 12 月 12 日,中国人民银行杭州中心支行、国家外汇管理局浙江省分局联合举办浙江省本外币合一银行结算账户体系扩大试点启动仪式,试点范围进一步扩大至宁波、温州、金华、台州、舟山 5 个地区,实现了浙江自贸试验区全覆盖。

杭州自贸片区推进数字贸易领域制度型开放的改革探索,有力赋能数字贸易高质量发展。截至 2023 年,已集聚了全国三分之二的跨境电商零售出口平台,跨境电商知名出口品牌占浙江的三分之一,跨境电商考核连续三年取得全国优秀。集聚了 5 家国家级特色服务出口基地,2023 年在商务部最新公布的排名中,杭州首次跃居服务外包示范城市第一,实现了历史性突破。离岸信息技术外包(ITO)和知识流程外包(KPO)合同执行额合计占离岸服务外包比重达 88.99%。

(四)以数字贸易立法为契机,推进数字自贸营商环境方面的改革探索

杭州是最早拥抱数字经济的城市之一,也是发展数字贸易的先行者。作为全国首个跨境电商综试区、三轮服务贸易创新发展试点、浙江自贸试验区杭州片区等多个国家试点的所在地,在为国家试制度的同时,需要有可预期的法治保障,杭州自贸片区以数字贸易立法为契机,推进数字自贸营商环境改革探索。

1. 出台全国首部数字贸易领域地方性法规

2024 年 3 月,杭州出台了全国首部数字贸易领域地方性法规——《杭州市数字贸易促进条例》(以下简称《条例》),并于 2024 年 6 月 1 日起正式实施。

《条例》创下多个国内首次,包括首次明确数字贸易的法定概念、范围和业态模式,首次立法明确政府可以推动制定和实施数据跨境流动的规则,首次明确政府各部门在促进数字贸易发展中的职责,填补数字贸易基础制度空白。

《条例》以促进数字贸易高质量发展为目标,对业态模式、主体培育、数字营商环境、开放合作、保障措施等方面进行规定,在内容

上充分体现了杭州特色和时代特征。

下一步,杭州数字自贸区还将加大《条例》宣传实施力度,加大新兴领域、重点领域创制性立法,在法治轨道上营造鼓励创新、公平竞争、规范有序的良好氛围。

2. 设立全国首家跨境贸易法庭服务保障跨境数字贸易高质量发展

为发挥杭州法院在推进数字经济示范区建设中的服务和保障作用,实现杭州数字自贸区跨境电商自由、便利、规范的高质量发展,在杭州自贸片区挂牌设立之初,杭州互联网法院与杭州综合保税区合作成立的杭州互联网法院跨境贸易法庭(以下简称法庭)挂牌。法庭集中管辖跨境数字贸易纠纷案件,充分发挥在线异步审理优势,推动形成与输出涉外贸易纠纷线上审理规则。

法院搭建跨境数字贸易司法解纷与治理平台,为数字赋能跨境贸易司法提供实践样板,并合作发布《2023年杭州互联网法院服务保障中国(浙江)自由贸易试验区跨境数字贸易健康发展白皮书》《杭州互联网法院跨境贸易法庭十大典型案例》。

法院与杭州综合保税区签署《关于创新治理机制、保障杭州跨境数字贸易高质量发展合作协议》2.0版,不断健全跨境数字贸易纠纷协同共治体系,发布《跨境电子商务多元主体行为指引》,为跨境电子商务平台、企业、消费者等中外当事人维护合法权益提供司法指引,为跨境数字贸易市场行为明确规则。

截至2024年,法庭累计受理相关案件400余起,案件涉及美国、日本、新加坡等20多个国家和地区,涵盖跨境数字贸易、生产、金融等多个领域,节省诉讼时间、简化审批手续,提高企业风险意识,减少违法违规行为。

（五）以办好高能级数贸展会为抓手，推动数字自贸国际合作方面的改革探索

第二届全球数字贸易博览会开幕式发布了《数字贸易发展与合作杭州倡议》，为中国参与全球数字经济治理贡献了杭州力量。杭州将继续叠加数字自贸试验区与全球数字贸易博览会的双重优势，加强与国际组织和权威机构联动，在全球率先发布标准规则，推动数字贸易全产业链领域的资本、技术、项目、人才向杭州集聚。

1. 积极参与数字贸易标准制定

近年来，杭州积极发挥国标组织电商技委会秘书处作用，牵头制定30项以上数字贸易领域的标准，包括全国首个《数据知识产权质押服务规程》团体标准、全国首个《在线商事调解服务规范》团体标准等；首发全球首批电商领域2项国际标准，实现"零的突破"。

2022年3月，全国首个数据知识产权质押团体标准——《数据知识产权质押服务规程》发布。该标准基于2021年滨江区块在全国首创的"数据知识产权存证及质押融资"新模式，确定了数据知识产权质押服务程序，规定了采集、脱敏、存证、存储、评估、融资、处置等阶段，以及上述阶段之间的转换条件，为规范相关数据知识产权的质押服务提供了参照标准。

《在线商事调解服务规范》团体标准于2023年1月1日起正式实施。该标准规范了在线商事调解的运营管理、调解流程、保密和技术安全措施等内容，填补了国内该领域的空白，为调解员参与各领域的解纷工作提供参照依据，将有效助力杭州片区打造商事调解数字高地。

2023年11月，杭州发布全球首批电商国际标准ISO32110：2023《电子商务交易保障——词汇》、ISO32111：2023《电子商务交

易保障——原则与框架》，在全球范围内统一了电子商务的基本概念和术语定义，梳理了电子商务交易保障的主要框架、主要业务范围和基本原则。

2. 推动外联 APP 试点落地并推广至全省

作为数字贸易的主管部门，近年来，杭州市商务局（自贸委）依托自贸试验区等高能级开放平台，在中央、省委网信办的支持指导下，合力推动外联 APP 试点落地。

截至 2024 年，已有支付宝等 18 家企业申报场景通过国家网信办评估，企业申报数量及评估通过数量居全省第一、全国第一方阵。在企业外联 APP 试点扩面推进方面，杭州片区已落地四批试点企业共 561 台终端，使用情况良好，在线率全省第一，实现三区块重点企业全覆盖。

杭州数字自贸区还积极将经验复制推广到浙江自贸区，企业外联 APP 试点增长率、使用率、在线率和数据跨境出境流动评估企业申报数及通过数均居全国第一。

3. 探索便利化数据跨境流动安全管理机制

杭州数字经济企业集聚，集聚着全国二分之二以上的跨境电商零售进出口平台、全省三分之一跨境电商出口知名品牌和阿里巴巴、亚马逊等 30 余家数贸头部企业，企业跨境数据流动规模大、数量多，位居全省前列。在此背景下，杭州片区着眼于探索便利化数据跨境流动安全管理机制，以数据合规出境和境外网络访问为突破口，积极开展跨境数据综合服务，多措并举助力企业出海。

为保障数据安全评估，2022 年 5 月，杭州片区与国家互联网应急中心浙江分中心合作设立全省首个数据安全实验室，由该实验室积极研发的数据流动安全风险感知平台——"浙江省企业跨境数据合规监测系统"，实现了数据出境态势感知，确保跨境数据安全可控;同年 11 月,在省自贸办指导下,进一步成立数据跨境服务联盟,开展数据安全领域的技术研究、人才培养等工作。

为充分释放数据红利,为在杭跨国企业提供最优数据跨境流动生态环境,2024 年 8 月 15 日,杭州片区印发了《中国(浙江)自由贸易试验区杭州片区数据跨境流动分类分级管理办法(试行)》(以下简称管理办法),并于 9 月 1 日起试行。管理办法重点聚焦数据跨境流动分类分级管理职责及分工、分类和分级管理内容、重要数据目录管理、数据出境负面清单管理、一般数据清单管理、监督管理及违规处置等六个方面,为境外互联网访问覆盖自贸试验区产业平台提供支持和便利。

4. 与新加坡、上海、海南等地跨境数据流动合作

杭州积极与新加坡、上海、海南等地开展跨境数据流动合作,采取了一系列措施促进数字经济的发展和数据要素的全球流通。

2023 年 6 月,浙江电子口岸有限公司与新加坡劲升逻辑公司等企业共同签署《沪—新国际贸易便利化措施长三角共享合作协议》(以下简称《协议》)。《协议》将依托"沪新理事会"合作成果,形成长三角—新加坡通关服务机制及标准,搭建长三角融合贸易流、单证流和信息流等数据合规通道,为长三角企业提供"一次申报、多边通关"的数字化手段。推动形成长三角—新加坡通关服务机制的长效商业模式,进一步探索对接 DEPA 的实现路径。

在第二届全球数字贸易博览会期间,杭州市商务局与上海自贸区临港新片区管委会签署了《数据跨境领域合作备忘录》,旨在推进长三角数据跨境有序流动方面的相关合作。

在第三届全球数字贸易博览会期间,杭州数字自贸区将与海南国际经济发展局、海南洋浦经济开发区,本着互利共赢、协同创新的原则,就加强跨区域数据跨境合作,推动数字经济高质量发展,达成《跨区域数据跨境合作协议》。未来,双方将通过搭建高效

合作平台、完善要素保障体系、建立切实可行的高效合作机制，全面加强两地在数字经济等领域的沟通协作。

三、国内在数字自贸领域的实践探索

（一）海南自贸港——以数据要素赋能自贸港发展

近年来，海南自贸港在数字自贸领域的实践探索取得了显著成效，以数据要素为核心驱动力，为自贸港的发展注入了强劲动力。海南省通过一系列创新举措，积极推动数据要素的安全有序流动，赋能产业升级与经济发展，展现了国内数字自贸领域的崭新面貌。

自 2020 年被国务院确定为首批公共数据资源开发利用试点省以来，海南积极探索公共数据的开发利用工作。经过近三年的努力，海南在汇聚公共数据和产业社会数据方面取得了重要进展，为产业各类要素的获取提供了有力支撑。特别是在农业、海洋、航天等重点产业领域，海南利用数据实现了多产业协同，推动了传统产业的转型升级与数字经济产业的快速发展。

海南自贸港在数据要素赋能方面的一个亮点是以海南生态软件园等数字产业集群为核心载体，积极开展公共数据开发利用二级授权。目前，围绕医疗健康、农业等数十个细分领域，上百家数据服务企业参与到应用场景开发、流通经营中，形成了良好的数据服务生态。这种以数据为关键生产要素的发展模式，不仅促进了数字经济的快速增长，还带动了相关产业的协同发展。

在数据跨境流动方面，海南自贸港也取得了积极进展。通过探索数据安全有序流动的政策制度创新、基础设施建设、应用场景打造等措施，海南在游戏出海、跨境直播、来数加工等 11 个重点场景实现了场景落地与规模推广,有效促进了数字贸易发展。据统计,2020—2022年,海南数字贸易产值增长到180亿元,年平均增长率达63%,展现了数字贸易在自贸港建设中的巨大潜力。

此外,海南自贸港还注重信息基础设施的建设与升级。通过全面推进"全千兆"自贸港建设,形成全岛算力"一张网",加强大数据、人工智能、区块链、卫星遥感等关键数字技术在场景中的集成应用,为数字自贸的发展提供了坚实的支撑。截至2024年,海南已建成一定数量的5G基站,并计划在未来继续加强信息基础设施的建设与升级。

在最新的官方数据支持下,海南自贸港在数字自贸领域的实践探索持续展现出强劲的发展势头和显著成效。这些成就不仅体现在过去几年的稳步增长上,更预示着未来在数据要素驱动下的产业升级与经济发展的广阔前景。展望未来,随着数据要素市场的不断完善和数字化转型的深入推进,海南自贸港有望在数字自贸领域开辟出更加广阔的发展空间。官方将继续加大政策支持力度,优化营商环境,吸引更多国内外优质企业和项目落户,共同推动海南自贸港在数字经济时代的创新与发展,实现更加辉煌的成就。

(二)北京自贸区——数字经济试验区

2020年9月,北京市商务局制定印发《北京市关于打造数字贸易试验区实施方案》,通过数字贸易试验区建设,加快试点示范和政策创新,真正实现北京在数字领域更深层次、更宽领域、更大力度的高水平开放,吸引数字领域高端产业落地,推动数字龙头企业和优秀人才不断汇集。几年来,在一系列开创性的政策和举措的引领下,北京自贸区正逐步构建起一个开放、协同、创新的数字经济生态系统,为数字经济的高质量发展开辟了广阔的空间,逐步成为具有全球影响力的数字经济和数字贸易先导区。

数字贸易科创氛围全国领先。北京作为全国科技创新的"高地",在数字经济领域的技术创新和前沿探索方面取得了显著成就。近年来,北京自贸区在关键算法技术如自然语言处理、计算机视觉和多模态交互大模型等方面已达到国际先进水平。例如,百度的"文心一言"和智谱华章的"智谱清言"等 15 个大模型产品已通过中央网信办备案并正式上线,这些产品在全国大模型产品总数中占比超过 80%。北京还计划建设"中关村人工智能大模型产业集聚区",并发布总量达 612TB 的高质量大数据集,为产业发展提供重要支持。为加强产业集聚,北京计划建设"中关村人工智能大模型产业集聚区",旨在通过集聚顶尖企业和科研机构,构建完整的人工智能大模型产业链。

数字经济应用场景日益丰富。北京不断拓展数字经济应用场景,涵盖了自动驾驶、智慧城市、医疗健康、教育、金融等多个领域。在自动驾驶方面,北京高级别自动驾驶示范区 3.0 已启动 500 平方公里建设,部署了包括智能网联乘用车、无人配送车等在内的多种自动驾驶车辆,为市民提供了便捷的出行服务。在智慧城市建设中,市民可以通过手机 APP 实时查询公交车位置、交通拥堵情况,智能交通信号灯根据实时交通流量进行调节,提高了交通效率。在医疗健康领域,医院利用大数据技术进行病例分析和疾病预测,提高了医疗诊断的准确性和效率。在教育领域,大、中、小学校利用互联网和智能化技术开展远程教育、在线课程,丰富了学生的学习资源。这些应用场景的拓展不仅提升了市民的生活质量,也推动了相关产业的数字化转型和升级。

数据贸易平台市场蓬勃发展。北京高度重视数据要素市场的培育与发展,通过政策引领和制度创新激活数据要素市场。北京国际大数据交易所作为北京市数据流通领域的重要平台,已实现牌照落地并发放了多张数据资产登记凭证,数据交易规模超过 20 亿元。北京还率先创建了全国首个数据基础制度先行区,并出台了多项创新的奖励措施如数据资产首登记、首交易等,持续释放政策红利。北京测绘设计院完成了全国首笔空间数据交易;六家医院数据流通交易在全国率先实现,其中积水潭医院实现骨科手术机器人数据估值 1000 万元入股。这些举措不仅促进了数据要素的市场化配置和高效利用,也为数字经济的发展提供了有力支撑。

跨境数据流动国际合作引领探索。北京以数字贸易和数据出境为突破口,积极探索数据安全合规社会化服务,深化数字领域国际合作。北京结合"两区"建设任务,推动数据跨境安全便捷流动,并率先实现多项数据出境安全评估制度的落地。例如,北京友谊医院和中国国航的数据出境项目获批成为全国前两例数据合规出境案例;诺华诚信成为全国首家通过订立标准合同实现个人信息合规出境的企业。北京还通过建设国际信息产业和数字贸易港等方式加强与国际伙伴的合作与交流。在自贸试验区方面,北京发布了《中国(北京)自由贸易试验区数据出境管理清单(负面清单)(2024 版)》等政策文件,为数据跨境流动提供了更加明确和便利的通道。这些举措不仅提升了北京在全球数字经济领域的影响力,也为国际合作和共赢发展拓展了更加广阔的空间。

(三)上海临港新片区——国际数据枢纽

国际数据港是中国在"数字空间"中面向世界的开放窗口,是国际国内双循环在"数字空间"中的重要节点。近年来,上海提出打造具有世界影响力的国际数字之都,中国(上海)自由贸易试验区临港新片区作为国家战略重要承载地,以建设国际数据枢纽为重要目标,通过一系列制度创新和政策支持,积极探索数据跨境流动和数据要素市场化的新路径,不断加快推进高标准、全覆盖的信息基础设施建设,逐步成为连接国内外数据流动的关键节点。

《中国(上海)自由贸易试验区临港新片区发展"十四五"规划》要求,临港新片区立足临港数据产业发展基础及国际数据港建设实际,聚焦数字经济发展,进一步推进国际数据产业供给能力和行业赋能效应提升,发挥数据价值,助力行业集聚发展,布局临港新片区国际数据产业建设。

首先,近年来国家与上海市层面数字经济立法不断完善,临港新片区相关的综合性地方法律法规和具体规定也已出炉,为国际数据港建设夯实了政策法律基础。例如,临港新片区出台了《临港新片区数据跨境流动分类分级管理办法(试行)》,将跨境数据分级管理,并探索了近50个数据跨境便捷流通场景。这一举措不仅提高了数据跨境流动的效率,也确保了数据安全可控。

其次,围绕数据相关产业,临港新片区联合产学研成立合作共同体,并组建十大联合实验室探索新技术、新产业、新模式、新业务的创新研发。同时,电信、联通、移动三大通信服务商纷纷启动国际数据港基础设施建设,打造全球数据汇聚流转枢纽。同时,临港新片区还加快打造国际数据经济产业园,以数据经济产业园为空间载体,推动数据外包、国际云服务、数据合规等重点产业集聚发展。通过落地一批数字贸易规则试点场景,临港新片区正积极发展面向国际的离岸数据产业,探索开展离岸数据加工、数据分析、数据存储等新兴业态。

临港新片区在推进国际数据合作方面,积极对接高标准国际经贸规则,推动与DEPA成员在数字贸易领域的深度合作,加快构建数据跨境流动机制。通过创建DEPA合作示范区,临港新片区在"无纸化贸易"、电子提单、电子信用证等贸易支付结算、单证融资、供应链金融等场景的应用中取得了显著成效。

依托国际数据港的先行先试,临港新片区已推动首家企业通过数据跨境流动安全评估试点,建成国际互联网数据专用通道,推动国家(上海)新型互联网交换中心试点运营。2024 年,上海国际海缆数量占全国的 77.8%;海缆容量占全国的 50%;国际出口带宽占全国的 80%;5G 基站数全国排名第三。

作为"国际数据试验田",临港新片区国际数据港建设的过程,不仅是数据跨境流通交易的先行先试,更是数字自贸区建设在安全前提下开放新型贸易模式与规则的一大探索。下一步,临港新片区将依托自贸试验区制度创新,稳步扩大数据领域规则、规制、管理、标准等制度型开放,探索构建与国际高标准经贸规则相衔接的制度体系和监管模式;在数据跨境流动、数字基础设施建设等方面实现更大突破;促进数据依法有序自由流动,会同相关部门推进自贸试验区"负面清单"制定;深化国际数据中心建设与国际数据合作,打造国际数据合作一站式服务窗口,对标国际数据枢纽城市,支持强化跨境互联的数据基础设施,建设国际数据港功能性数据中心和高性能算力网络。

(四)广州南沙片区——数据服务试验区

自 2022 年《广州南沙深化面向世界的粤港澳全面合作总体方案》提出以来,南沙片区被赋予了"加快建设南沙(粤港澳)数据服务试验区"的重大使命,依托南沙作为立足湾区、协同港澳、面向世界的重大战略性平台的独特优势,力争打造全国数据服务产业发展最活跃、对外开放程度最高、数字创新能力最强的区域之一。

南沙数据服务试验区的建设,旨在通过促进数据跨境流动便利化,推动粤港澳三地数据规则的衔接,创新数据服务模式,培育国际化的数据服务产业集群。这为数字自贸区建设提供了新的实践路径和范例。

为实现上述建设目标,南沙片区采取了一系列积极有效的举措,包括:(1)夯实新型数据基础设施底座。南沙片区积极部署新型数据基础设施,包括 IPv6 根服务器、5G 基站、智算中心等,为数据服务试验区提供坚实的网络支撑和算力保障。同时,推进数据中心绿色化、智能化改造升级,提高数据中心能效水平和安全性能。(2)创新数据治理机制。南沙片区在数据治理方面积极探索创新,推动数据资源开放共享和高效利用。建立健全数据安全管理机制,加强数据隐私保护,确保数据安全可控。同时,推动数据要素市场化配置,激发数据资源活力,为数字经济发展提供源源不断的动力。(3)构建数据服务综合支撑体系。南沙片区加快建设数据服务综合支撑体系,包括数据交易平台、数据确权平台、数据合规咨询平台等,为数据服务企业提供全方位、一站式的数据服务解决方案。同时,加强与国际数据服务机构的合作与交流,引进国际先进的数据服务理念和技术,提升南沙数据服务的国际化水平。

经过两年多的努力建设,南沙数据服务试验区取得了显著成效。在数据跨境流动方面,南沙片区已建成直连港澳地区的数据跨境传输专用通道并投入使用;在数据服务产业发展方面,南沙片区已初步形成了集数据中心、数据交易、数据确权、数据合规咨询等功能丁一体的数据服务产业体系;在政策支持方面,"南沙网数九条"等政策措施的有效实施为数据服务企业的发展提供了有力保障。

(五)杭州与上述各自贸区数字自贸指标数据分析

1. 杭州数字贸易进出口量质齐升

近年来,我国数字贸易快速发展,结构不断优化,国际影响力日益提升,离不开关键自贸区的贡献。2020—2022 年,海南数字贸易产值从 67.3 亿元增长到 180.1 亿元,年均增长率 63%,占服务贸易总额比重超过 50%;2018—2022 年,北京数字贸易进出口额从 4053.2 亿元增至 4887.3 亿元,年均增长 4.8%,到 2025 年,北京市预计数字贸易进出口规模达到 1500 亿美元,占全市进出口总额的比重达到 25%,其中,数字服务贸易占全市服务贸易的比重达到 75%;上海自贸试验区 2021 年数字贸易进出口额 568.8 亿美元,同比增长 31.2%;2022 年广州市数字贸易实现进出口额 411.23 亿美元,同比增长 20%,2020—2022 年年平均增长 27.8%。与此同时,杭州正加快建设具有鲜明辨识度的数字自贸区,奋力打造全国数字贸易强市。2023 年,杭州数字贸易进出口额 3190.7 亿元,占浙江全省 41.3%,同比增长 29.6%;数字服务贸易出口额占服务贸易出口比重超 70%,数字贸易规模量质齐升。根据《杭州市推进数字贸易强市三年行动计划(2024—2026 年)》,到 2026 年,杭州全市应实现数字贸易额 4300 亿元,全市数字贸易出口额保持两位数增长,数字服务贸易出口额占服务贸易出口额的比重超过 60%。

2. 杭州跨境电商位列全国第一方阵

2023 年,我国跨境电商增势迅猛,进出口额达 2.38 万亿元,同比增长 15.6%。其中,杭州跨境电商保持全国示范水平,全年实现跨境电商进出口额 1400.4 亿元,同比增长 16.4%;规模 2000 万元以上跨境电商品牌企业数量已破千,其中亿元以上企业也突破 200 家大关。而作为全国首批实现跨境电商零售进出口双向通路的跨境电商综试区,上海全市 2023 年跨境电商进出口额达 2623.9 亿元,同比增长 42.5%,建有海外仓 138 个,总面积超 179 万平方米。但与此同时,受国际贸易环境变化、市场需求波动等多种因素影响,2023 年海南自贸区跨境电商出口量与价值出现显著下滑,跨境电商商品(1210 模式)共计 72.6 万件,货值 4.6 亿元,同比下降 12%。鉴于此,杭州数字自贸区建设应加强跨境电商政策引导,拓展合作渠道,提升服务水平,促进跨境电商产业健康快速发展,实现更好的发展前景，保持跨境电商全国示范水平。

3. 杭州数字贸易制度创新涌现

从全国数字贸易制度创新来看，自 2018 年海南全岛建设自由贸易试验区至 2024 年，海南自贸港已成功总结形成 17 批 146 项制度（集成）创新案例，多项改革创新成果得到中央及国家部委肯定，其中，11 项被国务院向全国复制推广，在外向型经济、新质生产力、营商环境、生态环保、党建引领等方面充分发挥了改革开放"试验田"的积极作用。上海临港新片区以开放创新为使命，初步建立起"五自由一便利"开放型制度体系，形成突破性创新案例 138 个，其中全国首创案例 70 个。为建设全国领先、全球一流的数字贸易强市，杭州于 2024 年 6 月起正式实施全国首部数字贸易领域地方性法规《杭州市数字贸易促进条例》，为国家数字贸易领域立法先行探路；设立全国首个跨境电商综试区，形成通关监管、物流仓储、税务优化、金融外汇等 8 个方面 46 项跨境电商制度创新案例，跨境电商便利化通关、税收、支付等相关政策向全国复制推广；围绕数字贸易全产业链累计形成超过 100 项创新举措，数字贸易领域 3 项制度创新入选国务院第七批自贸试验区改革试点经验，入选数量占全国八分之一，数字贸易强市建设加快推进。

四、杭州建设数字自贸区的趋势与展望

（一）五大机遇汇聚数字经济之城

1. 国际盛会全方位展示"数谷"金名片

全球数字贸易博览会（简称数贸会）是目前国内唯一一个以数字贸易为主题的国家级、国际性、专业型展会，由浙江省人民政府

和商务部共同主办,2024年政府工作报告首次提及该展会。数贸会不仅彰显了杭州自贸片区的数字辨识度,更为杭州数字贸易的创新发展提供了难得机遇。作为国家批复杭州自贸片区方案的重要任务,全球数字贸易博览会于2023年升格为国家一类展会。第二届数贸会首次推出数字贸易发展与合作杭州倡议、数贸之夜等11项特色活动,签约项目113个、总投资超1300亿元,举办100余场论坛商务活动,实现530余项首发首秀首展,百亿服贸基金签约落地。

通过数贸会平台引领带动,2024年1—5月,杭州实现数字贸易额1203.1亿元,全省占比40.3%,数字服务贸易占服务贸易比重超70%;跨境电商进出口额602.77亿元,跨境电商出口额占外贸出口额的比重为25.1%。截至2024年6月,自贸片区累计引进项目262个,投资额超1330亿元,集聚了一批具有全球影响力的企业,PCT国际专利快速增长,全球创新指数城市排名连续两年居第14位,比自贸片区设立之前提升了7位。

2.“三数一链”系统性打造数贸新引擎

数据产业是核心竞争力,有助于培育新质生产力。“三数一链”数据可信流通基础设施框架和治理体系是“中国数谷”最重要的标志性成果,以数据交易场所、数联网、“数据发票”(数据合规流通数字证)和区块链跨链互认机制为主体,全面系统贯彻国家“数据二十条”的改革理念。目前,基于“三数一链”框架体系,“中国数谷”已率先上线数联网首个枢纽节点,数联网接入一体机(数联猫)交付投用。“三数一链”的框架体系已在金融、生物医药、多媒体等行业的6个场景中应用,并在同花顺的商圈客群洞察、孚临科技涉农普惠金融服务乡村振兴服务场景中完成首单验证。

中央领导先后来杭调研自贸试验区建设,鼓励和支持杭州在数据基础制度构建、数据跨境安全有序流动、离岸数据中心等方面先行先试,为国家提供数据要素综合开发利用的制度与模式支撑。作为数据跨境流动的前沿阵地,浙江省和杭州市通过探索建立数据跨境流动安全管理机制、建立数据跨境组织和平台、积极推进实施跨境数据流动监管和服务、出台《杭州市数字贸易促进条例》、发布数据跨境流动课题等举措,探索落实数据跨境流动监管和服务。

3."4＋4＋1＋5"全域化构筑数贸生态圈

杭州凭借自身优势正在全方位立体化打造数字贸易空间发展格局,以浙江自贸试验区杭州片区为引领,推动滨江区、萧山区、钱塘区、余杭区数字贸易创新发展;以协同创新区为联动,率先复制推广自贸试验区政策制度,推动上城区、临平区、拱墅区、西湖区数字贸易特色化发展;以杭州临空经济示范区为支撑,发挥机场枢纽优势,承接数贸会举办效应,打造连接全球的重要开放门户;以全域联动为方向,推进富阳区、临安区、桐庐县、淳安县、建德市差异化发展,共建数字贸易生态圈。

2023 年,杭州自贸片区以仅占全市 0.22％的面积,贡献了全市 19.2％的进出口总额、16.1％的税收收入和 10.9％的实际使用外资金额,自贸试验区开放高地的红利效应全面显现。接下来,需要深化与跨境电商综试区、服务业开放、综保区等国家试点的创新联动,强化与临空、城西科创、"中国数谷"、中国视谷、中国医药港等重要地标的产业联动,进而实现与全市域的发展联动,加快构建"全域自贸"的新格局。

在全市联动方面,杭州片区深化构建"全域自贸、联动辐射"的开放格局,以产业集群为联动,带动全市范围共同发展。联动创新区实施范围 118.08 平方公里,以拥有城西科创大走廊的余杭片区为例,截至 2023 年已成功复制推广自贸试验区试点经验 143 项,争取片区政策支持 2 项,帮助吸引生物经济、人工智能、服务贸易、电子商务等产业领域创新联动的重点投资项目 25 个,累计投资金额 238.72 亿元。辐射带动区为杭州全市域范围,充分吸纳改革创新与制度开放的溢出效应。萧山构建"全域自贸"的发展格局,以空港为半径,打造枢纽经济,形成"四纵四横"快速路网,辐射萧山经济技术开发区、杭州临空经济示范区、钱江世纪城、湘湖国家旅游度假区四大产业平台,提升全辖区域能级。

4. 四维协同全链路建设顶级营商环境

杭州向来重视发挥地域文化优势,打造良好营商环境。2003年至2024年,杭州中国民企500强上榜数量连续22年保持全国城市第一;截至2024年,杭州连续三年进入国家营商环境评价第一方阵,蝉联五届全国工商联"万家民营企业评营商环境"城市榜单冠军。为加快杭州片区建设,政府已从通关效率、跨境物流、金融服务、科技支撑四个方面进一步优化企业营商环境。

海关方面创新推出适应数字贸易发展的便利监管措施,推进长三角区域国际贸易"单一窗口"对接合作和通关协作。与新加坡国际贸易"单一窗口"合作,成功落地"一次录入、同步申报"模式,杭州出口录入的数据在新加坡口岸进口环节可以复用,大幅提升通关效率。物流方面构建全球智能物流骨干网枢纽,拓展海外仓及跨境电商海外服务网络,加快杭州国际航空物流公共信息平台建设,拓展第五航权航线,争取第七航权,提升国际航空货运服务能级,构建智能物流枢纽。金融方面推进跨境支付结算便利,扩大贸易外汇收支便利化试点和 QFLP 试点范围,推动在部分领域试行对外直接投资、外商直接投资备案管理,实施"跨境人民币首办户拓展行动"2.0 版,指导企业用好本外币合一银行结算账户等便利化政策。技术方面创新"双自联动"工作机制,深化与城西科创大走廊的改革和创新联动,加速极弱磁场国家大科学装置、湘湖及白马湖省实验室、中国科学院基础医学与肿瘤研究所等重大科研基础设施建设,提升科技创新策源能力。支持龙头企业、链主企业组建创新联合体,推行"揭榜挂帅""赛马制"科技攻关模式,促进科技成果转移转化。

5. "吸引＋培育"双通道凝聚数字人才

由智联招聘发布的《中国城市人才吸引力排名(2024)》显示杭州以数字经济和创新创业氛围对人才形成强大吸引力,集聚能力位列全国第二。世界知识产权组织(WIPO)发布《2024全球创新指数》先期报告。报告显示,杭州在全球科技集群中保持第14位、在中国上榜的集群中位居第6位,连续三年进入世界前15行列。在各个科技领域PCT专利申请数量中,计算机技术份额最大,占杭州总量的27%,其次是信息技术方法(10%)、数字通信(9%),与医疗技术、测量、视听技术、电气机械等领域一起,覆盖杭州总量的66%。

人才是创新的源泉。近年来,杭州以争创综合性国家科学中心、科技成果转移转化首选地为牵引,大兴科技、大抓创新。截至2024年,杭州已逐步建立"1＋2＋7＋18＋N"的新型实验室体系,国家高新技术企业突破1.5万家,杭州人才码累计领码人数超230万人。2024年,杭州还制定出台《关于激励高素养劳动者队伍在奋进新时代建设新天堂系列变革性实践中勇当先行者的三年行动方案(2024—2026年)》,激励以杭州数字工匠为代表的高素养劳动者,助推杭州高水平重塑全国数字经济第一城。人力资源和社会保障部等九部门发布《加快数字人才培育支撑数字经济发展行动方案(2024—2026年)》,明确紧贴数字产业化和产业数字化发展需要,用3年左右时间,扎实开展数字人才育、引、留、用等专项行动,增加数字人才有效供给,形成数字人才集聚效应,更好支撑数字经济高质量发展。

杭州积极推进以产学研相结合的方式培育本土数字人才,在高校层面推动学科专业建设与数字经济发展实际需求精准对接,产业层面成立杭州市数字技能人才培训评价产业联盟,主动匹配产业导向,充分发挥先发优势,走出了一条集培训、评价、就业于一体的全链条数字技能人才培养之路。截至 2024 年 11 月底,全市培养持证数字高技能人才 1.94 万人。同时杭州持续加强数字人才引进力度,2024 中国(浙江)HR 服务数智创新大会在杭州西站枢纽举行。1800 余名来自全国各地人力资源机构、浙江省内知名企业、重大创新平台、重点小微企业的代表及行业专家学者齐聚一堂。截至 2024 年 7 月,余杭国际人力资源服务产业园已拥有各类人力资源机构 462 家,集聚从业人员 2.1 万人,园内人力资源数字化机构占比约 51%,平台生态服务机构占比约 32%,海外赛道机构占比约 12%。

(二)五大现状反映"数谷"建设新方向

1. 数贸试验片区评级压力与日俱增

全国自贸试验区经过 7 轮扩容已增至 22 家 73 个片区。商务部信息显示,从 2024 年开始,全国自贸试验区已按照东部和中西部及东北两个组进行考核,排名前 20% 片区为 A 类,后 10% 为 C 类,连续两年 C 类,自贸试验区将被摘牌。东部地区有 9 个自贸试验区 36 个片区,虽然杭州片区是全省唯一连续三年优秀的片区,但处在只有 7 个 A 类名额的东部地区,竞争异常激烈。

近年来,国内各自贸试验片区都充分发挥自身优势,集聚各要素动能,加快推动自贸区的数字化建设,特别是京津冀、长三角、粤港澳三大经济区域内的各自贸片区。从省(区、市)下放权限数量看,上海自贸试验区临港新片区从 2020 年至 2022 年共下放 1384 项,广东自贸试验区共下放 105 项,天津自贸区下放近 900 项,江苏自贸试验区共下放 303 项,北京自贸试验区共下放 205 项,浙江截至 2023 年共下放 70 项。在制度创新方面,2023 年 6 月,国务院印发《关于在有条件的自由贸易试验区和自由贸易港试点对接国际高标准推进制度型开放的若干措施》，率先在上海、广东、天津、福建、北京 5 个自贸试验区和海南自由贸易港开展试点。经过一年的先行先试，各项试点措施已全面落地，形成了一批引领性、开创性制度创新成果，为加入高标准经贸协议提供了试验支撑，为深入推进制度型开放探索了实践路径。从协同发展方面看，京津冀区域于 2024 年 7 月 4 日，由中国（河北）自由贸易试验区雄安片区管委会与天津港集团签署战略合作框架协议，双方拟在产业、建设、口岸和人员交流等领域开展深层次合作。

2. 数字制度先行先试亟待加强

国家原先对浙江自贸试验区的定位聚焦在国际化港口，以舟山港为核心推动油品全产业链贸易和投资自由化便利化，打造以油气为核心的大宗商品全球资源配置基地。2020 年 8 月批复的杭州片区使国家对浙江自贸试验区建设增加了"数字发展示范区"功能。杭州片区自批复设立以来，围绕国家赋予的"三区一中心"的功能定位，履行着为"国家试制度、为地方谋发展、为企业营环境"的责任使命，以开放创新赋能经济高质量发展。杭州数字自贸区的探索之路取得了令人瞩目的成绩，但同时也面临着三个方面的挑战。

一是数字主权、数字贸易规则等核心领域的制度创新力度不够大，重点在数据跨境流动、风险监管、安全评估等数字主权核心领域，对接国际高标准数字贸易制度，探索建立首创制度体系，为国家"试政策、探制度"仍有较大提升空间；二是投资、会计、法律、人力资源等领域的高端商务服务体系支撑不够实，高端商务服务体系还不够健全，支撑数字贸易发展的交易、融资、支付等服务生态还不够完善，影响和制约了国际数字贸易龙头企业汇聚、高潜力独角兽企业孵化培育、数字贸易行业标准制定等重点领域的发展；

三是开放创新和国际竞争综合实力不够强,除少数领军企业具有国际竞争力之外,大部分企业不熟悉国际竞争规则,国际化发展思维欠缺。

3. 推动审批权限下放迫在眉睫

首先,要积极申请国家层面的政策赋权。围绕数字贸易全产业链,对标《全面对接国际高标准经贸规则推进中国(上海)自由贸易试验区高水平制度型开放总体方案》,在放宽电信增值业务及互联网虚拟专用网等外资准入与股比限制、制定数据跨境流动分类分级制度及核心与重要数据目录、构建国际离岸数据中心、特定区域内便利互联网访问、细胞治疗、基因治疗研发和商业化审批权限下放等方面争取国家层面的赋权。

此外,要大力推动省级政府权限下放。截至2022年底,各省(区、市)已经累计向自贸试验区下放了超过5400项的省级管理权限,包括建筑工程施工许可、设立外资人才中介机构审批、成品油零售经营资格审批等,大幅减少了审批层级,推动"区内事区内办"。浙江于2022年出台了《浙江省人民政府关于赋予中国(浙江)自由贸易试验区一批省级管理事项的决定》(浙政发〔2022〕15号),将32项审批权限下放到舟山,但对杭州片区的权限赋能力度还需进一步强化。

4. 重振平台经济信心任重道远

杭州数字平台经济的健康发展主要面临平台规范、监管执法、投资信心、创新带动、保障支持等五个方面的挑战。

第一,平台规范问题仍需重视。一是算法驱动背景下新型平台经济业态的出现依然面临数据安全、隐私保护等规范问题;二是传统电商平台、直播电商平台等仍存在较为突出的虚假宣传、刷单炒信、流量劫持等问题;三是部分外卖平台企业在制定订单分配、计件单价、抽成比例等定价规则时,往往采取单方制定、强制推行的方式,平台存在公平透明性不足的问题。

第二,平台监管执法有待创新。一是随着杭州市平台经济市场生态的日益复杂和"三新经济"的迅猛发展,诸多平台新业态在起步阶段面临监管执法条例不明确的问题,或是担心执法力度较大影响企业信用,从而放慢新业态探索和发展脚步;二是市场各方对监管政策和执法动态高度敏感,存在过度解读和理解偏差现象,稳慎把握监管信号和执法尺度以及舆情管控任务重大;三是杭州市平台企业类型多样,领域广泛,发展阶段不一,发展规模参差不齐,难以用一套程式化的监管执法体系进行评判。

第三,平台投资信心有待提升。一方面,近年来大型平台受负面舆情影响较大,市场主体对于政策形势的可预期性不足,企业经营活力有所下降,影响新业态新模式发展进程;另一方面,平台经济新业态、新领域的国家标准、行业标准尚在探索过程中,前期平台违规处罚力度较大,企业信用修复难,使得平台新业务投资意愿有所下降。

第四,平台创新带动有待强化。一是电商平台主要面向消费互联网领域,重在模式创新,对于电商产业整体科技的创新引领作用有待强化;二是杭州市工业互联网平台体系与国家发展的"卡脖子"技术清单结合不够紧密,在产出重大标志性创新成果上仍有较大提升空间;三是除电子商务外,新兴重点发展领域不够明确和聚焦,影响要素配置的有效性以及产业汇聚和重组。

第五,平台保障支持有待深化。以平台经济为主的新业态从业者面临劳动强度高、收入不稳定和就业满意度不高等问题,需进一步提升新业态就业群体幸福感和满意度。同时部分新业态从业者因流动性高普遍面临参保"有心无力"的困境,参而不缴或者断缴现象比较普遍。此外,大量平台上的中小型经营者面临着资金不足的困境,平台流量分配机制亦不利于中小企业的生存和成长。

5. 跨境电商先发优势趋于弱化

跨境电商产业从全球层面以及全国层面看前景均十分广阔,《"十四五"电子商务发展规划》指出,开展跨境电商创新发展、电子商务企业"走出去"和"丝路电商"拓展三大行动,推动实现跨境电商交易额2025年达2.5万亿元,成为外贸发展新动能和转型升级新抓手。此外,全国跨境电商产业发展十分迅猛,从2020年至2024年底,全国跨境电商交易额增长近10倍,成为当前发展速度最快、潜力最大、带动作用最强的外贸新业态。

在上述背景下,杭州的跨境电商发展没有处于优势地位。全国来看,总量上,广州2023年跨境电商进出口交易额为2004.6亿元,深圳2023年跨境电商进出口总额更是达到3265.3亿元。增速上,合肥跨境电商2022年同比增长50.9%,2024年1—4月同比增长36%,均远高于杭州同期增速(22%、20.46%)。省内来看,依据浙江省商务厅统计口径,杭州市2023年跨境电商进出口交易额为1400.4亿元,落后于宁波(2302亿元)。

杭州跨境电商产业发展主要面临六大挑战。一是截至2024年底,全国跨境电商综试区已达165个,先进做法被其他综试区模仿学习,同质化竞争加剧;二是政策支持方面忽视了对大型电子商务平台、贸易型总部企业、跨境电商监管场所和采购本地化方面的支持,人才支持力度亦需进一步加强;三是杭州缺乏港口,跨境物流高度依赖航空货运。但机场货站处理能力弱、货运航线少、安检能力有限已成为制约杭州跨境电商发展的最大卡口;四是对口人才储备不足,有着小语种、国际物流和跨境金融等技能的人才较少,且由于外专局目录没有跨境电商岗位,外籍人士无法在杭以跨境电商作为从业岗位备案;五是金融服务力度亟待加强,跨境电商卖家普遍对融资需求较大,但杭州目前缺乏相匹配的融资通道,导致企业普遍现金流吃紧。六是跨境电商海外仓建设成本和费用较高，运营专业性较低，本土化贸易困难，数字化水平不均，且面临多种合规审查风险。

五、杭州建设数字自贸区的建议

（一）积极创建数据确权示范之城

数据作为新型生产要素，是数字化、网络化、智能化的基础，已快速融入生产、分配、流通、消费和社会服务管理等各环节，深刻改变着生产方式、生活方式和社会治理方式。对于致力于高标准建设"中国数谷"和打造"中国数据产业第一城"的杭州而言，数据要素已成为杭州全面提升经济增长质量和效益、培育新质生产力和科学转换经济增长动能的新生推力，也是杭州经济在复杂多变的国际环境中保持较强活力和动态增进国际比较优势的中坚力量。以 2023 年为例，杭州数字经济核心产业增加值已达到 5675 亿元，占全省比重超过 50％，占全市 GDP 比重接近 30％。数据确权是从法律和制度层面对数据要素的所有者、使用者及数字产品的经营者等法律主体的权利内容进行明确，从而在一定程度或范围内针对数据具有排除他人侵害的效力。数据确权可以明确数据权利的配置，既可以为数据权利提供法律保护，也可以为数据流通和利用活动提供规则依据，引导数据需求者合法获取和利用数据，防止"丛林式争夺"现象的出现，数据确权可谓数字经济深化发展和数据要素高效流通的最根本性基础。为此，建立健全数据确权的政策体系，积极创建数据确权示范之城，对高度依赖数字经济和拥有雄厚数字产业基础的杭州而言，具有重要的现实价值。

形成科学完善的数据确权体制机制不仅有助于激活数据要素

潜能,使数字经济与实体经济实现更高效的融合,推动经济增长质量快速提升,还有助于做大做强杭州数字产业,进而推动杭州在新一轮科技革命和产业变革中,不断构筑经济发展的新优势、新增长点和新业态,优化经济增长动能,最终推动全民共享数字经济发展红利,促进共同富裕。作为全国首批数据知识产权改革国家试点,浙江充分发挥数字化改革先行优势、数据技术优势,于2021年9月率先启动数据知识产权改革,走出了一条运用知识产权制度释放数据要素价值的浙江路径。为此,杭州数字自贸试验区可依托雄厚的产业基础和浙江的先发优势,积极打造数据确权示范之城,进而为中国数字经济的发展和数字要素活力的激发提供杭州样板。

1. 推动形成科学完善的数据产权登记制度

一是围绕《中华人民共和国个人信息保护法》《中华人民共和国数据安全法》和《关于构建数据基础制度更好发挥数据要素作用的意见》等法律法规及政策,积极对标新型数字贸易国际规则和明确数据权益属性、资产属性和流通属性。二是杭州数字自贸试验区可依托先行先试的政策优势,加快制定杭州市数据产权登记管理办法,为"数据资产登记""数据产品登记""数据资产凭证""数据生产要素统计核算"等活动,提供统一科学的操作指引。三是推动建立数据要素确权登记平台,在做好数据要素确权、确源和数据安全隐私保护的基础上,健全数据确权登记和信息披露机制,使数据来源和权益归属更加公开透明,使数据确权更加便捷,促使产权登记快捷科学。四是形成公共数据、企业数据、个人数据分级分类登记制度,既明确登记的目的、功能、主体、登记机构、内容、流程以及登记各参与方权利义务,也明确数据要素产权登记的公示力、证据力和对抗力,以充分保护数据来源者合法权益,使数据要素的产权得以高效科学登记。五是杭州数字自贸试验区可依托区块链技术的去中心化、不可篡改等特性,将区块链技术引入数据确权的管理过程,为推进数据分类分级确权、管理经营、产权保护提供技术支持,确保数据产权权属、转移与分配过程规范可靠。

2. 积极打造杭州市数据确权服务中心

在数字经济创新提质"一号工程"、全球数字贸易博览会和"中国数谷"等多重数字经济推进力量的作用下,浙江不仅在数字经济、数字技术、数字产业和数字业态等方面取得了丰硕的成果,还在数字知识产权服务环节形成了百余家专业的服务机构,然而小而散的服务机构凝聚力相对有限,迫切需要形成高水平的数据确权服务中心,为杭州数字要素的发展壮大提供高水平的服务支撑,努力打造全国数据确权服务的杭州样板,使全国的数据要素汇聚到杭州数据确权服务中心,推动杭州数据要素的规模化、集聚化和高能级化,为杭州高标准建设"中国数谷"奠定坚实的基础。一方面,应以数据来源和数据生成特性为出发点,探索建立公共数据、企业数据、个人数据的分类分级确权授权机制,构建公共数据确权授权服务中心、企业数据确权授权服务中心、个人数据确权授权服务中心,以界定不同类型数据生产、流通、使用过程中各所有方的合法权益,形成科学的数据确权机制,完善数据要素所有权、加工使用权和数据产品经营权的协调运行机制;另一方面,应加强数据确权服务中心与浙江省数据局、浙江省数据知识产权登记平台、浙江大数据交易中心、浙江知识产权交易中心等数据知识产权服务机构的合作交流,使数字要素的最新发展趋势、最新管理政策和最新管理技术能够快速融入数据确权服务中心的实际工作中,为数据确权提供最优质的服务,促进数据要素活力的释放,并提高数据要素赋能实体经济发展的能力。

3. 探索构建数据权利动态管理体系

数据在使用过程中不仅形态和内容可能发生变化,还存在新知识和新参与者加入的情况,因而在积极探索数据产权结构性分置规则和方法时,还应积极考虑数据要素的非静态性。为此,探索构建数据权利动态管理体系显得非常必要,其能更好地激发数据要素活力,使数据要素在杭州经济增长质量提升、新质生产力发展壮大和"中国数谷"建设中发挥更大的作用。首先,杭州数字自贸试验区在探索构建原始数据确权制度的同时,还应积极完善数据产权动态更新型登记确权服务、流通服务和治理服务,以形成完备、科学的数据要素确权动态管理体系,为数据要素内涵与质量提升及数据全产业链生态完善提供强有力的制度支持,为数据资源动态推进经济增长质量攀升奠定扎实、动态的确权基础。其次,杭州数字自贸试验区可探索构建分类型、分阶段的数据权利保障体系,相比公共数据和个人数据,企业数据确权的动态性较为显著,在探索建立公共数据、企业数据和个人数据的权利动态管理体系的基础上,应更加重视企业数据权利动态管理体系的构建,不仅要重视企业数据的"整体确权",还应注重企业数据的"流程(阶段)确权",构建数据处理者在持有、加工、利用各类数据中的权益确认与保障体系,并激发数据动态推进过程中各当事方的积极性,推动数据价值和技术内涵不断攀升。最后,杭州数字自贸试验区应积极构建数据权利动态管理的专门机构,以杭州数字自贸试验区、数据确权服务中心、浙江省数据局、浙江大数据交易中心和浙江知识产权交易中心等数据要素服务的专业机构为依托,逐步在杭州数字自贸试验区设立数据权利动态管理办公室,以充分发挥政府有序引导和规范发展的作用,打造安全可信、包容创新、公平开放、监管有效的数据权利动态管理体系。

4. 积极打造数据确权的专业服务型团队

数据具有无形、可复制等特性,涉及多元利益主体,其确权逻辑与传统财产存在诸多不同,这不仅使数据要素使用过程相对复杂,还使数据要素产权相对复杂,这给数据确权带来了一定的困难。虽然伴随着数字产业化和产业数字化规模的壮大,杭州在数字战略科学家、数字领军人才、数字技术人才和技能人才四类人才的培养方面取得了长足的进步,但数据确权和数据确权服务的专业性人才培养情况并不理想。一方面,可充分发挥杭州数字自贸试验区、浙江大学、之江实验室和数字科技领军企业的作用,以杭州数字自贸试验区的数据确权大型服务平台建设为依托,汇聚与培养高水平数据确权服务型人才队伍,为杭州数字经济高质量发展打通确权堵点,提供强有力的高水平人才支持,助力杭州自贸片区成为数据确权服务型人才聚集高地;另一方面,加强杭州数字自贸试验区与上海、新加坡等国际数据枢纽城市的联系,在充分借鉴其数据确权服务体系的基础上,积极引导其专业服务型团队来杭州数字自贸试验区合作交流,甚至入驻杭州,以提升杭州数字自贸试验区数据确权专业服务型团队的服务水平,为杭州打造数据确权示范之城提供更优质的人才队伍支持。

(二)强化提升数字平台创新与治理

1. 推动形成联合研发、资源共享、开放 API(应用程序编程按口)的"平台联合创新生态圈"

一是设立平台创新联盟,由政府牵头组织跨领域的数字平台合作,共建跨平台技术标准和数据接口,促进创新资源高效流动。二是开放数据互通共享,通过数据沙箱、数据中立托管等机制,确保数据开放安全的同时,增强平台间的技术互补性。三是构建区域性数字创新实验区,为创新活动提供政策保护,允许区内平台企业探索联合开发的商业模式和技术路径。四是政府与平台共建研发中心,立足于杭州现有基础设施优势,加强人工智能、区块链等前沿领域技术研究投入。

2. 聚焦制造业、物流、跨境电商等细分领域数实融合

一是编制产业数字化赋能计划，鼓励传统制造业企业通过数字平台接入大数据分析、供应链优化工具等。二是推广"跨境电商＋产业带"模式，将数字平台的销售能力与本地实体产业结合，实现本地化赋能。三是依托智能网联技术打造数字化供应链网络，实现供应链全流程可视化和可追溯。四是深化技术应用场景，推动人工智能在物流调度、产能预测等场景的降本增效应用。

3. 通过信息互通共享优化平台间资源配置

一是牵头搭建公共信息交换平台，为企业提供政策、市场和供应链的精准信息服务。二是完善信息标准化体系，制定统一的数据格式和接口规范，支持平台企业快速实现信息流互通。三是通过跨境电商和物流平台的协作，优化跨境信息传递效率，提升国际客户体验。四是持续完善"浙里办""余省心"等政策信息公开平台建设，通过数字化手段搭建微信公众号、小程序等宣传社媒矩阵，确保企业能够及时、清晰地获取政策信息并便捷地申请相关支持。

4. 多维度防范在线平台安全风险

一是提升平台安全技术标准，推动 AI 风控、区块链数据加密等技术应用，保障用户数据隐私和系统安全。二是建立分层风险管理模型，对不同规模、领域的在线平台作分层分级管理。三是强化数据合规管理，结合《中华人民共和国数据安全法》，为平台制定明确的地方性数据采集和使用规范，防范跨境数据泄漏风险。四是定期组织平台进行应对重大安全威胁模拟演练，提高平台面对网络攻击和数据泄露的应急响应能力。

5. 动态调整监管措施以适应创新需求，避免"一刀切"政策

一是完善政策动态反馈调整机制，通过试点验证和行业反馈，及时调整不适应产业发展的政策。二是引入沙盒监管模式，为新

兴业态和技术提供试验空间，避免传统监管对创新的限制。三是探索建立数字平台治理决策参与委员会（"治决会"）制度，鼓励广大数字平台企业代表、社会组织共同参与"经济政策共商、产业标准共执、发展布局共谋、市场秩序共保"等治理活动，全面提高决策科学性与合理性，最大程度激发市场主体活力。四是持续完善"浙里办""余省心"等政策信息公开平台建设，提升政策透明度与便利性。

（三）积极创建全球数字贸易跨境支付结算中心

充分发挥跨境电商优势，打造服务于数字经济时代小额化、高频次交易的全球跨境支付结算中心。积极探索数字贸易新形态下的跨境支付监管模式和标准规范，深化本外币合一银行结算账户体系试点、贸易外汇收支便利化试点、跨境贸易高水平开放试点等，进一步提升跨境贸易收付结算便利化水平。推动银行、第三方支付机构与跨境电商平台、数字贸易核心企业等通过系统直连模式提供优质收结汇服务，解决传统收结汇"收汇难、环节多、费率高、风险大"问题，在风险可控前提下，探索海外仓跨境电商阳光化收汇模式，提升外汇结算效率。建立跨境电商综合服务平台，加强数据采集和监测分析，为跨境电商支付结算及其监管服务提供数据支撑。支持支付机构积极申领全球跨境支付牌照，对新获得境外支付业务牌照的给予财政奖助，加快拓展全球支付网络和覆盖新场景领域。支持符合条件的内资和外资机构依法申请设立银行卡清算机构，发展多元化支付清算服务，深化跨境支付双向开放，支持外国客商在境内便利使用移动支付，支持开展海外客商在线进行国内供应商款项跨境支付的便利化试点。提升跨境人民币支付结算便利化水平，积极探索数字人民币在跨境贸易场景中的应用，推动更多项目纳入多边央行数字货币桥（mBridge），创新和丰富数字货币桥平台应用场景，打造全球业务示范用例。持续提升数字贸易中人民币计价结算占比,争取在部分领域率先使用数字人民币支付结算,降低外汇结算风险。

(四)打造数字贸易金融综合服务领先之城

搭建数字贸易金融综合服务平台,推动公共部门、金融部门、支付机构、跨境电商平台等跨部门数据的互联互通,充分汇集整合订单交付、物流、资金收付、通关、代理服务等大数据,在便利安全条件下实现订单流、信息流、资金流可相互验证、真实可信,减少信息不对称,探索提供集仓储、配送、物流信息交换撮合、资金支付结算、投融资等于一体的"一站式"综合服务。鼓励数字贸易核心企业依托区块链、物联网、人工智能等技术建立数字供应链平台,加强与金融机构协作,依法合规开展数字供应链金融服务,解决上下游中小微外贸企业融资难融资贵问题。支持金融机构不断创新融资产品和保险服务,加强线上线下放贷方式融合,开发拓展运费融资、仓单质押融资、在途货物质押融资、订单运单融资、数据知识产权质押融资等新型融资服务,探索数字贸易出口信保新模式,开展离岸保险业务。支持符合条件的数字贸易企业上市融资。在人民币长期融资利率占优背景下,鼓励金融机构拓展跨境人民币贸易融资和再融资服务,降低企业融资成本。丰富数字贸易对口的金融衍生品,持续优化升级远期结售汇、掉期等资金业务,增加针对中小外贸企业的外汇套期保值产品,降低外贸企业汇率风险。深化各项跨境金融改革试点,深入实施合格境外有限合伙人(QFLP)试点、跨境贸易投资高水平开放试点,逐步放开公开市场投资范围限制,推进科创金融领域制度创新,支持本土跨国公司探索本外币一体化资金池业务,破解"两头在外"、基于真实贸易背景的离岸贸易资金收付障碍。创新发展金融业云计算平台、数据驱动金融、区块链等新兴业态,强化跨境金融服务底层技术研发。

专题篇

专题一:跨境电商平台赋能企业出口

一、杭州数字自贸区的跨境电商发展概况

(一)政策创新驱动跨境电商发展

杭州数字自贸区自2020年获批以来,以政策创新为核心,推动跨境电商实现快速增长。杭州率先推出跨境电商9610、9710、9810等通关模式,通过一键申报、集中查验、分类监管等方式,大幅降低了企业出口成本,提高了通关效率。据统计,跨境电商企业的出口货物申报时间从平均4小时缩短至1分钟。为了减轻企业负担,杭州实行跨境电商出口增值税免退税政策,支持企业利用海外仓开展业务,给予物流和平台推广费用补贴,帮助企业降低进入国际市场的门槛。作为全国数据跨境流动试点区域之一,杭州起草了《数据跨境流动分类分级管理办法(试行)》,确保企业能够在合规前提下高效利用国际数据资源,促进跨境电商平台的全球化运营。杭州大力推进跨境支付结算便利化,率先试点本外币合一银

行结算账户体系，鼓励企业使用跨境支付工具如支付宝和 PingPong 等，进一步提升国际交易效率。

（二）完善的跨境电商平台生态体系

杭州拥有一批全球领先的跨境电商平台，如阿里巴巴国际站、全球速卖通等。这些平台不仅提供高效的交易渠道，还构建了完善的服务生态，为企业出口提供全方位支持。以阿里巴巴国际站为例，其通过智能化供应链管理系统、精准营销工具和实时数据分析服务，帮助企业精准匹配买家和优化交易流程。阿里巴巴国际站上的中小企业平均出口额实现了 20％以上的年增长。杭州的平台生态还包括第三方支付机构、跨境物流企业、海外仓服务商等。例如，菜鸟网络构建的全球智慧物流枢纽体系，实现了中国到欧美、中东等主要市场的 72 小时达。杭州在全国首创"保税区工厂"模式，将保税进口与零售加工结合，赋能中小企业差异化竞争。同时，通过直播带货、社交电商等新兴模式，推动平台与消费市场的深度融合。

（三）显著的经济贡献与行业影响

杭州数字自贸区的跨境电商发展已成为区域经济的重要支柱，并对全国乃至全球的数字贸易产生深远影响。2023 年，杭州跨境电商出口额达 1210.89 亿元，同比增长 20.06％，占全市外贸出口的 25％以上。杭州跨境电商企业数量从 2015 年的不足 200 家增长至 6.3 万家，规模以上企业超过 2000 家，充分展现了跨境电商对区域经济的拉动作用。杭州已形成涵盖跨境电商平台、物流服务、支付服务、数据服务等的全产业链生态圈。依托数字化技术和完善的基础设施，杭州吸引了大量龙头企业和中小型创业公司入驻，打造了具有国际竞争力的数字经济集群。杭州积极推动数字贸易国际规则的探索与制定。通过世界电子贸易平台建设,与"一带一路"共建国家开展深度合作,提升了中国在国际贸易规则制定中的话语权。

(四)创新成果的推广与复制

杭州数字自贸区的成功实践不仅促进了本地经济发展,还为全国跨境电商的普及与推广提供了范例。杭州的"六体系两平台"模式被商务部在全国范围内复制推广,助力其他地区快速构建跨境电商生态体系。杭州跨境电商的数字化运营技术和创新模式已被多个国内自贸区借鉴,例如直播电商、跨境支付系统等,提升了全国数字贸易的整体水平。作为全球数字贸易博览会的永久举办地,杭州吸引了众多国际企业与投资者,进一步巩固了其在全球数字贸易中的核心枢纽地位。

杭州数字自贸区的跨境电商实践证明,数字化与国际贸易的深度融合能够为企业出口赋能,并在推动区域经济高质量发展中发挥重要作用。未来,通过不断的创新探索和开放合作,杭州将进一步巩固其在全球数字贸易中的领先地位。

二、跨境电商平台赋能企业出口的具体路径

跨境电商平台的快速崛起为企业进入国际市场提供了高效路径。在杭州数字自贸区的实践中,跨境电商平台通过政策支持、技术赋能、数据驱动和生态建设等方式,帮助企业降低出口门槛、提升运营效率和市场竞争力。

(一)政策支持:降低准入门槛与运营成本

政策支持是跨境电商平台得以赋能企业出口的重要基础。杭

州数字自贸区在政策设计上进行了全方位的创新,从通关便利化到税收优惠再到海外布局支持,显著降低了企业出口的门槛和成本。杭州率先推出跨境电商通关模式,极大地缩短了跨境电商出口通关时间、提升了通关效率。通过这些创新模式,企业的运营效率大幅提高,物流成本显著降低。杭州建立了全国首个跨境电商数字口岸,企业能够通过数字化平台实现货物申报、海关查验和物流追踪的全过程管理。政府针对跨境电商企业实施增值税和企业所得税的优惠政策。出口企业在享受出口退税的同时,还可以申请跨境电商相关的专项资金补贴,该补贴涵盖物流、营销和技术开发等多个环节。杭州推出的"海外仓建设补贴计划"为中小企业在主要国际市场建立海外仓提供了重要的资金支持,大大降低了其拓展海外业务的成本。截至2023年底,杭州综试区内企业在境外自建、合作、租赁的海外仓共有362个,总面积785.75万平方米,覆盖41个国家和地区,有效解决了企业在国际市场中的"最后一公里"物流问题。

(二)技术赋能:提升运营效率与市场竞争力

技术赋能是跨境电商平台帮助企业提升运营效率和竞争力的关键。杭州跨境电商平台通过智能化工具、数据驱动技术和自动化管理系统,显著优化了企业出口的全链条流程。平台利用物联网、大数据和区块链技术,帮助企业实现供应链的全流程可视化,例如阿里巴巴国际站通过智能物流跟踪系统,为企业提供实时的物流状态更新,确保货物国际运输的透明和高效,数字化供应链优化方案支持企业更精准地匹配生产与需求,缓解库存积压和物流滞后问题。跨境电商平台通过大数据分析和算法推荐,帮助企业精准触达目标客户,例如全球速卖通的算法能够根据用户的购买行为和偏好,为企业自动生成个性化的推广策略,提高营销转化率。杭州的企业通过平台提供的直播工具，将传统展会模式数字化，以更低成本实现了品牌全球化推广。平台为企业提供一站式的本地化技术解决方案，包括多语言翻译、跨境支付和全球物流管理，例如菜鸟网络构建的全球物流枢纽支持企业72小时送达主要国际目标市场。平台通过支付平台的无缝对接解决外汇交易难题，例如连连支付和PingPong支付提供了高效、低成本的结算服务。

（三）数据驱动：精准决策与市场洞察

数据是跨境电商平台赋能企业出口的核心资源。杭州的跨境电商平台通过大数据分析和人工智能技术，帮助企业洞察市场需求、规避风险和优化运营。平台利用大数据技术为企业提供目标市场的消费趋势、竞争分析和潜在客户群体的画像，例如阿里巴巴国际站的市场洞察工具能够为企业提供详细的行业趋势报告，帮助其制定精准的产品策略，通过智能推荐系统为企业筛选高潜力市场，降低试错成本，提高市场进入成功率。平台通过实时监控全球政治经济环境，为企业提供风险预警服务，例如在国际汇率波动或目标市场政策变化时，平台能够及时通知企业调整定价或调整市场布局，通过数据驱动的合规管理，帮助企业应对不同国家的贸易法规要求，规避关税和法律风险。利用数据驱动的供应链金融服务，平台为中小企业提供灵活的融资选项，例如通过分析企业交易数据，为其评估信用风险并快速提供贷款服务，帮助其解决流动资金短缺问题。

（四）生态建设：增强产业协同与资源整合

生态建设是跨境电商平台赋能企业出口的重要保障。杭州数字自贸区通过构建完善的跨境电商生态圈，实现了资源的高效整合和产业的协同发展。杭州形成了涵盖制造、物流、支付和数据服务的全产业链生态圈,例如跨境电商综试区推动了"跨境电商＋产业带"模式的实施,将本地的优势制造业与全球市场紧密结合,实现了传统产业的数字化转型,通过政策和技术扶持,杭州已吸引一大批跨境电商服务商和创新企业入驻,增强了区域经济的活力和竞争力。杭州数字自贸区鼓励平台之间的合作与协同,推动数据共享和业务整合,例如多个跨境电商平台联合开发物流仓储资源,实现了资源利用最大化,政府牵头建立跨平台创新联盟,推动技术标准的统一和产业链的协同发展。杭州建立了完善的跨境电商人才培养体系,开设跨境电商专业课程和实训项目,为企业输送大量高素质专业人才。举办全球数字贸易博览会和行业峰会,为企业提供了与国际买家直接对接的平台,同时加强了跨境电商领域的国际交流与合作。

杭州数字自贸区的实践表明,跨境电商平台在赋能企业出口中具有不可替代的作用。通过持续的政策创新、技术提升、数据优化和生态协同,跨境电商平台将进一步助力企业在国际市场中取得成功,为区域经济发展注入强劲动能。

三、实践成效与企业案例

杭州数字自贸区的跨境电商实践取得了显著成效,促进了企业出口规模的快速扩大,提升了企业的国际竞争力,构建了高效的跨境贸易生态系统。在这一过程中,平台赋能的效果在不同类型企业的具体实践案例中展现出了独特的成效和创新路径。

(一)实践成效

自杭州数字自贸区获批建设以来,跨境电商对区域出口总额的贡献不断增加。数据显示,2023 年,杭州跨境电商出口总额达 1210.89 亿元,同比增长 20.06%,占全市外贸出口总额的 25% 以上。杭州跨境电商平台有效降低了中小企业进入国际市场的门槛。通过提供从支付到物流的全链条服务,跨境电商平台帮助 6.3 万家杭州跨境卖家拓展了海外市场,其中超过 2 万家为小微企业。这种广泛的企业参与度,促进了区域经济的包容性发展。依托跨境电商平台,企业能够快速响应国际市场需求,优化产品和服务,提升国际竞争力。例如,通过精准营销工具和数据驱动的分析能力,企业能够更高效地定位目标市场和潜在客户群,提升了品牌知名度和市场渗透率。杭州已经形成了涵盖平台运营、支付服务、物流网络和海外仓储等多层次的跨境电商生态体系。这一体系支持企业从产品生产到终端消费者的全流程数字化运行,进一步增强了区域经济的核心竞争力。同时,杭州还积极举办全球数字贸易博览会等国际化活动,吸引了更多国际资源和投资者。杭州率先试点了多种跨境电商业务模式,如 9610、9710、9810 通关模式,为全国提供了可复制推广的成功经验。与此同时,杭州还积极参与数字贸易国际规则和标准的制定,提升了中国在全球数字贸易中的话语权。

(二)企业案例

企业 A 是一家主营小家电产品的传统制造企业,过去主要依赖外贸中介出口,利润空间较低,国际市场拓展受限。企业 A 于 2020 年开始与阿里巴巴国际站合作,利用跨境电商平台的精准营销工具和供应链服务,实现了从传统代工到品牌出口的转型,出口额从 2020 年的 500 万元增长至 2023 年的 5000 万元,年均增长率超过 100%,成功进入东南亚和南美等新兴市场,拓展了 500 多家稳定的长期客户。企业 A 利用平台的智能物流管理系统,将产品交付周期缩短了30％,客户满意度显著提升。

服装品牌B是一家主打年轻人市场的时尚企业,面临国际市场竞争激烈、品牌认知度不足的困境。品牌B通过全球速卖通的直播工具开拓国际市场,以低成本的数字化手段展示产品特色,并与本地KOL(关键意见领袖)合作进行推广。品牌B在欧美市场的月销售额从10万美元增长到100万美元,年均增速超过300％。通过社交媒体与直播联动,品牌B在国际市场的粉丝数量突破50万人,形成了稳定的用户群体,实现了线上线下的全渠道联动,进一步提升了供应链效率和市场响应速度。

企业C是一家中型家具生产企业,主要出口欧美市场。由于国际市场需求差异大,企业C的库存管理和客户满意度长期面临挑战。企业C利用跨境电商平台提供的大数据分析工具,深度挖掘目标市场消费者的购买偏好,通过定制化服务满足多样化需求,定制化产品销售占总销售额的比重从10％提升至60％,显著提高了市场竞争力。利用平台的智能化供应链工具,库存周转率提高了40％,运营成本下降了20％,客户满意度显著提升,复购率达到85％,巩固了其在欧美市场的竞争地位。

企业D是一家提供跨境支付解决方案的金融科技公司,主要服务中小型跨境电商企业。企业D通过与杭州数字自贸区的跨境电商企业合作,开发了一套高效的支付结算系统,为中小企业提供低成本、多币种的跨境支付服务,服务企业数量从2019年的200家增长至2023年的3000家,年交易额突破200亿元,占全国第三方跨境支付市场的10％,帮助中小企业平均降低支付成本15％,增强了其在国际市场的价格竞争力。

(三)实践启示

通过以上实践成效和企业案例可以看出,杭州数字自贸区的跨境电商平台在赋能企业出口方面展现出强大的推动力。跨境电商平台不仅是一个交易渠道，更是一个连接供应链、支付、物流等多环节的综合生态系统。只有完善的生态建设，才能真正实现企业出口能力的全面提升。智能化的技术工具和大数据驱动的市场分析能力，为企业提供了精准决策支持，帮助其更高效地满足国际市场需求。政府的政策支持为企业出口提供了良好的外部环境，而政府参与国际规则的制定则帮助企业在全球竞争中占据有利地位。不同规模、不同行业的企业通过平台展现了灵活多样的市场拓展路径，从直播电商到定制化服务，各具特色，成效显著。

杭州数字自贸区的成功经验为全国跨境电商的发展提供了重要启示。未来，通过进一步优化政策、提升平台能力和加强国际合作，杭州有望在全球数字贸易领域继续发挥引领作用。

四、存在的问题与挑战

尽管杭州数字自贸区的跨境电商平台在推动企业出口方面取得了显著成效，但在实践过程中仍然面临诸多问题与挑战，这些问题既反映了跨境电商行业发展的共性问题，也体现了杭州特有的区域性特征。

（一）中小企业数字化能力不足

部分中小企业缺乏数字化基础设施，如 ERP 系统、CRM（客户关系管理）系统的部署；企业在使用跨境电商平台提供的智能工具时，面临操作复杂性和学习曲线陡峭的困难。中小企业在数字化转型过程中普遍缺乏具备跨境电商运营、数据分析和技术管理能力的专业人才；跨境电商运营岗位的流动性高，增加了企业对核心人才的吸引和留任难度。中小企业往往受限于有限的资金和资源,难以承担高额的市场推广费用和技术开发成本。

(二)国际市场风险与不确定性增加

国际贸易政策的变化和地缘政治冲突加剧了企业出口的不确定性;部分目标市场对跨境电商进口商品实施更严格的监管和关税政策,增加了企业出口的难度和成本。汇率波动对企业利润产生显著影响,尤其是对以美元或欧元计价的出口业务;中小企业缺乏专业的外汇风险管理工具,容易因汇率波动遭受损失。疫情造成的全球供应链断裂尚未完全恢复,物流延误和运费上涨成为企业出口的主要瓶颈。

(三)平台竞争加剧与资源分配不均

跨境电商平台在争夺商家资源和市场份额方面竞争激烈,部分平台通过高额佣金和收费服务侵蚀了中小企业的利润空间。资源集中于头部平台,中小平台和新兴平台面临发展瓶颈。企业在选择平台时需耗费大量时间和精力进行对比和试用,部分企业因平台选择失误造成资源浪费。

(四)数据安全与合规问题突出

平台企业在数据收集和处理过程中,面临网络攻击和用户数据泄露的风险;中小企业对数据安全的重视程度不足,未能采取有效的防护措施。各国在跨境数据流动方面的监管政策差异大,增加了企业合规运营的复杂性;数据跨境传输的限制可能对企业的全球供应链管理和用户服务产生负面影响。

(五)技术应用与标准化建设不足

不同平台之间在数据格式、技术接口和服务标准方面缺乏统一性，影响了企业的系统对接效率；部分技术创新未能快速转化为行业标准，限制了行业的整体升级。中小企业难以完全适配平台提供的智能工具和解决方案，导致资源浪费；平台的技术创新更多面向头部企业，而中小企业的实际需求得不到充分满足。

（六）物流与支付环节仍存短板

国际物流成本高企，部分目标市场的"最后一公里"配送效率较低，影响客户满意度；海外仓布局不均衡，中小企业难以享受优质的物流服务。跨境支付的成本较高，尤其是在多币种结算和外汇兑换环节；部分企业缺乏高效便捷的支付工具，导致国际订单流失。

五、对策建议

应从政策支持、技术优化、生态完善和国际合作等多个层面入手解决杭州数字自贸区跨境电商发展过程中存在的问题，进一步提升平台赋能企业出口的能力。

（一）提升中小企业数字化能力

一是政府与平台联合举办跨境电商专项培训，覆盖电商运营、数据分析、物流管理等核心内容。利用线下实训基地和线上学习平台，开展针对中小企业主和员工的系统化数字化教育。二是为中小企业提供数字化转型的专项资金，用于系统开发、设备购置和人员培训。通过贴息贷款和减税政策，降低中小企业在数字化转型过程中的资金压力。三是提供技术工具支持。跨境电商平台应针对中小企业需求，开发更易用、更经济的智能运营工具，如小型ERP系统和智能营销工具。建立技术服务中心，为企业提供免费或低成本的技术咨询和支持。

(二)加强国际市场风险管理

一是构建外汇风险对冲机制,推动金融机构与平台合作,提供外汇风险管理工具,如远期结汇、汇率锁定等服务;建立跨境支付专项保障基金,以应对汇率波动带来的潜在损失。二是完善目标市场多元化布局,鼓励企业拓展新兴市场,如东南亚、非洲和南美等地,降低对单一市场的依赖;在平台内推出分区域市场数据报告和风险提示,帮助企业优化市场布局策略。三是增强供应链韧性,推动企业建立多渠道供应链,以应对国际物流中断等突发风险;扩大海外仓网络覆盖范围,提高商品在国际市场中的流通效率。

(三)优化跨境电商生态建设

一是推动平台间协同创新,鼓励跨境电商平台之间的数据共享和服务联动,共同提升物流、支付等基础服务能力;政府牵头建立跨平台协作联盟,推动行业技术标准化建设。二是完善产业配套服务,提升跨境电商支付系统的便捷性和安全性,为企业提供多币种、低成本的结算服务;加快跨境物流企业智能化转型,优化货物追踪、配送和库存管理服务。三是加强人才培养和引进,在高校开设跨境电商相关专业课程,培养适应行业需求的高素质人才;推行国际化人才引进政策,吸引具有丰富经验的电商运营和技术专家。

(四)强化数据安全与合规管理

一是完善数据安全法规,在地方层面出台具体的数据安全实施细则,明确企业在数据收集、存储和传输过程中的责任与义务;推动建立区域性数据安全评估中心,为企业提供合规咨询和认证服务。二是探索建立数据跨境流动机制，制定统一的跨境数据流动标准和协议，降低企业合规成本；与主要贸易伙伴国加强数据共享与监管合作，构建互信机制。三是增强平台数据保护能力，加大对数据加密和网络安全技术的投入，防范数据泄露风险；建立数据泄露应急响应机制，确保在突发事件中能够迅速采取补救措施。

（五）深化国际合作与规则对接

一是依托全球数字贸易博览会等平台，推动杭州在跨境电商领域的标准制定中发挥更大作用；参与 CPTPP 和 DEPA 等国际框架谈判，争取更多话语权。二是在"一带一路"共建国家建立更多海外合作园区，为企业提供本地化支持服务；与主要目标市场国政府和行业协会合作，共同推动贸易便利化改革。三是探索离岸电商发展模式，支持企业在海外建设数字化离岸中心，提升全球供应链协同能力，扩展服务范围，满足更多国际市场的消费需求。

（六）推进技术创新与标准化建设

一是设立专项资金，支持企业在人工智能、大数据和区块链技术领域的研发和应用；联合平台企业和科研机构，共同开发适用于跨境电商场景的创新技术。二是推动行业标准化，制定统一的跨境电商技术和服务标准，覆盖数据接口、物流管理和支付流程等领域；鼓励企业参与标准的制定与推广，共同推动行业的规范化发展。三是持续发挥杭州技术转移转化中心的服务职能，完善产学研对接机制，加速科研成果向产业的转化，缩短技术从实验室到市场的落地周期；为企业提供技术测试和试点支持，降低新技术应用的风险和成本。

(七)强化多方协作机制

一是探索建立跨境电商治理决策参与委员会("治决会")制度,鼓励广大跨境电商企业代表、社会组织共同参与"经济政策共商、产业标准共执、发展布局共谋、市场秩序共保"等治理活动,全面提高决策科学性与合理性,最大程度激发市场主体活力;推动行业协会发挥桥梁作用,加强政企信息沟通。二是促进产学研协同创新,推动成立跨境电商产业研究联盟,发布行业发展报告和技术趋势分析。三是鼓励公众参与和认知提升,通过媒体宣传和社会活动,提升公众对跨境电商的认知,吸引更多优秀人才加入行业。

专题二:数据跨境流动与规则

数字经济和数字贸易的发展天然具有全球化特征,数据不仅成为与劳动力、资本、技术、土地同等重要的基础性生产要素,更成为一国构筑其核心竞争优势的关键战略性资产,数据的重要性使全球对数据跨境自由流动的需求日益增长。

一、数据跨境自由流动规则比较及挑战

(一)全球数字贸易规则比较

当前主要国际机构对数字贸易的关注重点各有不同。联合国一直主张以数字化推动贸易便利化,鼓励通过跨领域合作建立起一个新的全球数字贸易治理框架,特别是全球数据和数据跨境流动方面需要国家和国际社会的共同努力。尽管当今世界数字贸易治理框架尚未统一,仍处于探索阶段,但总体上看,目前全球数字贸易规则呈现四种主张。一是以 CPTPP、《美墨加协定》(USMCA)为代表的体现美国数字贸易意志和优势的"美版"数字贸易规则。CPTPP 汇聚了当今世界主要发达国家制定的数字贸

易自由化规则,代表了全球最高水平的制度成果,倡导减少对数字贸易自由发展的干预,反对各种形式的贸易壁垒。二是以《欧盟—加拿大综合经济与贸易协定》(CETA)为代表的注重打造欧洲数字单一市场的"欧版"数字贸易规则。在欧盟签订的与数字贸易相关的自贸协定中,核心主张是以通用数据保护条例(GDPR)框架保证数据有效监管,在此前提下,允许跨境数据自由传输,要求跨境数据存储在境内。三是以 RCEP 为代表的体现中国在数字贸易特别是电子商务方面最新立场的"中式"数字贸易规则。中国在谈判中更关注数字贸易便利化和电子商务环境的改善,这是因为我国数字贸易优势主要来源于在互联网平台发展基础上形成的跨境电商,而弱化了计算设施位置、电子方式跨境传播信息和争端解决等前沿议题。四是新加坡主导的以《数字经济伙伴关系协定》(DEPA)为代表的注重参与国多元化诉求的"新式"数字贸易规则。DEPA 以"搭积木"方式设置条款,除涵盖贸易便利化、电子传输免关税和数据跨境流动等领域外,还提出人工智能、中小企业等创新性议题,将谈判范围从数字贸易扩大到数字经济的多个方面。

通过综合对比 CPTPP、DEPA 和 RCEP 等数字贸易规则中具体条款内容可以发现,CPTPP、DEPA 和 RCEP 在数字贸易领域关注的焦点仍主要集中于数据跨境自由流动、跨境服务贸易、数字贸易便利化等内容(见表1)。但与 RCEP 相比,CPTPP 和 DEPA 不仅是对 RCEP 既有数字贸易规则的深化,同时结合缔约方自身经济发展结构和数字贸易发展优势,纳入了 RCEP 未涉及的新规则。具体来看,尽管 CPTPP、DEPA、RCEP 均允许基于商业行为的数据跨境自由流动,并承认缔约方可有各自的监管要求,但CPTPP 与 DEPA 均设立了强制允许数据跨境流动的义务,"每一缔约方应允许通过电子方式跨境传输信息,包括个人信息,如这一活动用于涵盖的人开展业务",即每一个可识别或已识别自然人的

任何信息（包括数据）都是可以跨境传输的。但与之相比，RCEP
并没有对电子传输信息是否包含个人信息做出明确界定，同时保
留了CPTPP和DEPA所没有的安全例外条款，允许"该缔约方认
为对保护其基本安全利益所必需的任何措施。其他缔约方不得对
此类措施提出异议"，突出主权国家安全利益导向原则。另外，与
数据跨境自由流动紧密联系的还有对于计算机设施位置的规定，
CPTPP、DEPA和RCEP都要求不得将有关商业主体在某国领土
内使用或安置计算机设备作为在本国开展商业活动的条件，即禁
止"计算机设施本地化"，但与CPTPP、DEPA不同，RCEP保留了
安全例外原则，在这一基础上，要求对合法公共政策目标的必要性
判断由负责实施的缔约方决定，而关于合法公共政策目标的理解，
目前国际上并没有定论。数据跨境自由流动条款不仅在国际贸易
中不断演进，同时也在各种国际倡议中频频出现。2021年10月，
G7贸易部长会议围绕可信数据流动提出了若干原则，包括为支持
数字经济商品与服务贸易，应当在可信的个人和商业机构间进行
数据跨境流动；高度关切出于保护主义和歧视目的，损害开放社
会和民主原则的数据本地化措施；在反对跨境数据流动不当阻碍
的同时，保护隐私、数据、知识产权和安全；就政府接触企业所控制
的个人信息数据的基本原则形成共识，支持OECD（世界经济合作
与发展组织）就此形成的原则和制度蓝本；在数字贸易中发挥开
放政府数据的重要作用，政府公开数据库应遵从匿名、开放、可携
与无障碍使用等原则。G7不但拓宽了跨境数据流动的含义和监
管适用范围，更是将传统意义上属于安全的议题扩展到若干发展
事项上。

表 1　国际高标准数字贸易协定相关条款对比

主要规则和议题	CPTPP	DEPA	RCEP	差　　　异
电子传输免关税	√	√	√	CPTPP 和 DEPA 对于不征收关税的义务是永久性的,而在 RCEP 中为暂时性义务,可根据 WTO 部长级会议结果作出调整。
数字产品的非歧视待遇	√	√	×	RCEP 尚未设置该条款,仅 CPTPP 和 DEPA 明确给予缔约方数字产品最惠国待遇和国民待遇,但包括"知识产权例外""补贴赠款例外""广播例外"。
国内电子交易框架	√	√	√	DEPA 在 CPTPP 基础上要求缔约方采用《贸易法委员会电子可转让记录示范法》
电子认证和电子签名	√	×	√	DEPA 尚未设置该条款,CPTPP 和 RCEP 的要求基本一致。
无纸化贸易	√	√	√	DEPA 在 CPTPP 和 RCEP 基础上对电子贸易管理文件系统作出更加细致的规定,明确要求成员间需建立安全互联的贸易单一窗口,满足公众在线访问需求。
数据跨境自由流动	√	√	√	①CPTPP 和 DEPA 均强调个人信息可以跨境传输,而 RCEP 未明确界定电子传输信息是否包含个人信息;②CPTPP 和 DEPA 将因合法公共政策目标所实施的措施控制在目标所需限度之内,且未设置 RCEP 中的安全例外。
数据存储的非本地化	√	√	√	三者均强调例外措施适用是必要的且附加使用条件,但 RCEP 对必要性的判断取决于缔约成员。此外,CPTPP 和 DEPA 均未设置安全例外。
源代码	√	×	×	仅 CPTPP 设置源代码保护条款。
使用密码技术的信息和通信技术(ICT)产品	√	√	×	仅 CPTPP 和 DEPA 设置该条款,要求基本一致。

主要规则和议题	CPTPP	DEPA	RCEP	差　　　异
开放网络接入	√	√	×	仅 CPTPP 和 DEPA 设置该条款,要求基本一致。
网络安全	√	√	√	三者要求基本一致。
非应邀商业电子信息	√	√	√	三者要求基本一致。
个人信息保护	√	√	√	DEPA 在该条款上要求比 CPTPP 和 RCEP 更严格,规定了个人信息保护法律框架依据的基本原则,并鼓励企业采用数据保护可信任标志。
在线消费者保护	√	√	√	DEPA 与 CPTPP 要求缔约方制定、维持相关消费者法律法规,禁止消费者欺诈、误导或欺骗性行为,均以举例的形式说明了消费者欺诈、误导或欺骗性行为的特征。
公开政府数据	×	√	×	仅 DEPA 设置该条款。

(二)现有数字贸易规则体系下中国面临的挑战

对中国而言,CPTPP、DEPA 对数据跨境自由流动(包括个人信息)的要求以及将 RCEP 中安全例外情形排除在外的规定,可能造成个人或者国家数据暴露在危险之中,从而增加电信诈骗、网络攻击等违法行为发生的概率,这与中国坚持的"基于数据主权安全的数据跨境流动和数据本地化存储"主张有本质差异,因而,CPTPP、DEPA 对中国在数据跨境流动方面提出了更严格的要求。尽管中国通过签署 RCEP 对数据跨境流动作出了相关承诺,但从《中华人民共和国网络安全法》和《中华人民共和国数据安全法》的规定中可以发现,中国主张有限数据跨境自由流动,要求数据控制主体在数据跨境活动前符合法律规定条件或按照规定完成安全评估、保护认证等要求。为进一步规范数据出境活动,2021 年 10 月,国家互联网信息办公室起草了《数据出境安全评估办法(征求意见稿)》，明确了安全评估的具体程序，就数据出境前的申报方式、流程和申报材料提供了详细的指引，并对标准合同和机构认证作了相关规定。在实际操作中，由于数据分类分级体系尚不健全，安全评估和管理机制存在操作难度且缺乏弹性，对接高标准国际经贸规则仍面临一定挑战。同时，关乎国家安全的部分重要数据、国家秘密、行业数据等存在本地化限制，包括但不限于银行业、征信业、汽车制造业等部分行业敏感数据。当前全球跨境数据流动规则呈现出碎片化、多极化和差异化的发展趋势。一方面，各国不断尝试通过跨境数据流动规则接轨提升数据传输效率。例如，DEPA缔约方新加坡、智利和新西兰试图构建具有兼容性和交互操作性的数据传输保护机制，以增进彼此在跨境数据流动治理领域的互信、互惠。另一方面，在数字规则竞争方面，美欧是全球数字治理规则的主要制定者，我国数字治理尚不能与国际高水平数字规则完全对接，跨境数据流动双边、多边互信、互惠范围有限，也尚未与世界主要经济体、主要贸易伙伴国建立数据跨境传输便利化机制，参与数据跨境流动全球治理不足。上述困境意味着杭州片区内企业在出海经营业务过程中需针对不同国家（地区）采取差异化的，有时甚至是重复性的跨境数据流动保护措施，这无形中也会增加企业合规成本，不利于企业参与国际竞争。

（三）促进跨境数据流动的国内实践

当前国内诸多省市开展了数字贸易规则的探索，其中海南、上海、北京、广东等省市数字贸易发展较快，在数据跨境流动、跨境服务贸易开放、数字贸易便利化等方面对数字贸易规则进行了探索。在有序推动数据跨境流动方面，海南、广东、上海等省市均已通过立法形式发布数据要素相关的政策文件，但涵盖的数据类别范围不同。海南针对公共数据资源的开发利用，于2021年出台了《公共数据产品开发利用暂行管理办法》，涵盖了数据资源供给、使用、开发、安全管理等核心环节。而广东和上海出台了数据条例，除涉及公共数据外，还涵盖了个人数据的相关规定，适用领域更广。其中《上海市数据条例》对公共数据和个人数据的流转、开放、共享以及相关单位和政府部门的权利与义务作了具体规定；《深圳经济特区数据条例》内容涵盖了个人数据、公共数据、数据要素市场、数据安全等方面，是国内数据领域首部基础性、综合性立法。此外，国内主要省份立足自贸试验区开放平台，开展数据跨境流动相关规则的先行先试，如，上海出台国内首个数字贸易发展行动方案，率先创设上海数据交易所，建设数字贸易国际枢纽港，形成全国首发数据交易配套制度，探索设立数字贸易创新发展基金等。

　　有鉴于此，杭州片区亟待在数据跨境流动与规则方面先行先试（见表2），积极主动对接 DEPA 跨境数据流动规则，通过构建有限数据跨境自由流动、探索中国式数字产品非歧视待遇规则两个渠道，推动实现高水平对外开放，构建新时代杭州对外开放新高地，更好发挥改革开放综合试验平台作用。

表 2　浙江省对标 DEPA 规则的数据流动相关条款

数据流动相关条款	对标 DEPA 的条款
接入和使用互联网的原则	第 6 章 商业和消费者信任
数据认证	第 7 章 数字身份
数据跨境流动	4.3 通过电子方式跨境传输信息
个人数据传输	4.2 个人信息保护
无效数据过滤	6.2 非应邀商业电子信息
数据存储	4.4 计算设施的位置
数据交易	9.4 数据创新
政府数据开放共享	9.5 开放政府数据

二、创建有限数据跨境自由流动的"先行区"

针对数据跨境流动规则,杭州数字自贸试验区将率先开展数据出境评估便利化试点,制定数据分类分级制度、重要数据目录及负面清单,探索离岸数据交易模式,为境外互联网访问覆盖自贸试验区产业平台提供支持和便利。自2022年9月1日国家网信办在全国实施《数据出境安全评估办法》以来,杭州自贸片区一直在积极推进数据出境安全评估申报。在省委网信办、市委网信办支持下,截至2024年11月,杭州已有18家企业40个场景完成数据出境评估申报,申报数居全国第一方阵。2024年3月22日,国家网信办发布的《促进和规范数据跨境流动规定》指出,自贸试验区在国家数据分类分级保护制度框架下,可以自行制定区内需要纳入数据出境安全评估、个人信息出境标准合同、个人信息保护认证管理范围的数据清单(以下简称负面清单),经省级网络安全和信息化委员会批准后,报国家网信部门、国家数据管理部门备案。在吸收杭州自贸片区滨江区块数据跨境流动先行探索经验基础上,在省委网信办、省商务厅、市委网信办指导支持下,2024年9月1日,《中国(浙江)自由贸易试验区杭州片区数据跨境流动分类分级管理办法》试行。为创建有限数据跨境自由流动的全国示范区,杭州数字自贸试验区将优先从以下几个方面寻求突破。

(一)强化数据跨境分类管理

围绕国务院赋予的"三区一中心"功能定位,结合杭州市域特色,聚焦数字贸易全产业链,大力推动数字自贸试验区建设,以跨境电商、智能物联、跨境金融、数字物流、数字文化、生物医药等领域为重点,以数据跨境流动最迫切的典型场景为切入口,对跨境数据进行分类分级管理。深化跨境交流专用通道试点，争取开展数据跨境流动安全评估，探索构建符合中国国情的数据分类和数据本地化标准，依据比例原则分类管理跨境电商、跨境支付、服务贸易、供应链管理等典型应用场景的不同类型数据。基于杭州市产业优势，打造跨境电商、航运贸易数字化、金融支付等一批有浙江辨识度的特色场景，深度推进"数据要素×"三年行动计划，激发数据要素乘数效应，优先在金融服务、商贸流通、交通运输、文化旅游、医疗健康、绿色低碳、生态环境等领域，强化跨境数据流通应用场景。

（二）优化数据跨境分级管理

按照《中华人民共和国数据安全法》要求，杭州市严格落实跨境数据分级管理办法，从高到低依次划分出核心数据、重要数据、一般数据 3 个级别，核心数据禁止跨境，重要数据形成重要数据目录，一般数据形成一般数据清单，并依据重要数据目录制定本自由贸易试验区数据出境负面清单，为估价、入表、交易、流通等行为奠定扎实的所有权基础。对标全球数据管理前沿模式，杭州数字自贸区可参照 DEPA 规则下的 16 个方面条款，借鉴新加坡在跨境数据分级管理、数据隐私合规监管等方面的经验，以杭州新加坡科技园、临空经济示范区、万向创新聚能城、江南科技城以及新加坡榜鹅数字园区等平台为载体，争创"中新经贸创新发展示范区"，在中新双边合作机制下围绕贸易、数据等的双向流通开展探索。探索数据存储非本地化合作，学习在数据中心和数据非本地化存储等方面的经验，在保证安全前提下放宽跨境数据流动管控，合理放宽本地存储要求，对风险程度低、应用价值高的数据跨境流动可采取"轻监管"模式。

(三)落实数据出境负面清单管理

为进一步指导和帮助数据处理者高效合规地开展数据跨境流动,保障商业数据安全有序流动,杭州数字自贸区应落实数据出境负面清单的制定与管理,需纳入数据出境安全评估、个人信息出境标准合同、个人信息保护认证管理范围的数据出境负面清单,报相关部门审批备案。本自由贸易试验区内数据处理者向境外提供本自由贸易试验区所制定的数据出境负面清单外的数据,可以免予申报数据出境安全评估、订立个人信息出境标准合同、通过个人信息保护认证。随着数据出境应用场景的拓宽,杭州自贸片区应研判数据出境需求,对数据出境负面清单进行动态更新,经批准后及时告知数据处理者,以适应数字贸易发展的最新动向。未来杭州自贸片区除了需要进一步完善负面清单制度,还可考虑在政府主导数据出境安全评估、个人信息保护认证制度之外借鉴DEPA缔约方实践,引入第三方认证机构,开展数据保护能力认证,丰富有限数据自由流动下的认证机制建设,拓宽数据流动互信互惠范围。此外,杭州自贸片区还可以探索构建基于信用管理的数据出境企业"白名单"制度,将具有较强合规能力的大型数字企业、制造企业、公共数据平台等优先纳入"白名单",实施数据跨境的便捷化事后监管。

(四)联动全国共促数据跨境流动

第三届全球数字贸易博览会高标准经贸规则视野下数字自贸区产业对接会,发布了杭州数字自贸区发展报告,颁布了跨境数据流动配套管理办法等一系列成果,为推进数字贸易领域制度型开放探路。对接会上,上海、北京、重庆与海南等地自贸试验区代表针对推进数据跨境流动中的一系列共性问题,纷纷给出了各自的解法。作为全国数字经济第一城，杭州以数贸会为平台，联合国内自贸试验区城市，共同探索数据跨境流动的新模式和新机制。在第二届、第三届数贸会上，杭州自贸片区管委会分别与上海自贸试验区临港新片区管委会、海南国际经济发展局和海南洋浦经开区管委会签署了《数据跨境领域合作备忘录》，启动跨区域数据跨境合作倡议，双方将推进数据基础设施跨区域共建，合力探索数据跨境流动及全产业链发展的新路径与新模式。推出"数据知识产权质押融资和证券化改革新模式"，入选长三角自贸试验区制度创新案例，在长三角自贸试验区内推广；与宁波口岸共同发布 17 条跨境贸易便利化举措，实现两地数字贸易创新发展的资源共享与优势互补；与合肥片区签订战略合作协议，推动两地数字贸易产业的联动发展。立足杭州，联动全国自贸试验区创新之力，杭州数字自贸创新经验正在走向全国。

三、探索中国式数字产品出海的"排头兵"

随着数字贸易的持续发展，数字产品的非歧视待遇对国家和企业而言都越发重要。各国通过构建数字贸易规则，保障数字产品的非歧视待遇，以降低数字贸易风险。当前我国正在 CPTPP、DEPA 等协定框架下与其他国家就数字产品相关问题展开谈判，面临着数字产品非歧视待遇问题带来的机遇与挑战：一方面，数字产品的非歧视待遇规则有效降低了各国数字贸易壁垒，可为我国数字企业打开更大的海外市场；另一方面，数字产品的非歧视待遇规则增加了市场准入的义务，可能使我国数字产业面临更为激烈的竞争。有鉴于此，杭州市自贸区一方面应充分利用相关协定中的负面清单、例外条款，为开放数字产品市场准入准备弹性方案，避免数字产品的准入政策与非歧视待遇义务产生冲突，维护数字治理措施的合法性;另一方面,应进一步深化数字产品非歧视待遇的实践,坚持经济和安全并重,探索符合我国长远利益的数字产品非歧视待遇规则。为争做探索中国式数字产品非歧视待遇规则的"排头兵",杭州数字自贸试验区将优先从以下两个方面寻求突破。

(一)合法有序开放数字产品市场

CPTPP和DEPA要求实施数字产品的非歧视待遇,政府给予数字产品和服务的补贴也同样适用。这意味着一国如果决定开放特定的数字产品和服务市场,必须提供国内和国外数字产品和服务提供商同等程度的市场开放。目前中国的数字产品立法尚不成熟,存在大量立法空白,因此我们主张在安全有序的前提下,有限开放数字产品市场,对影视、出版等数字产品实行较严格的内容审查和管控,对境外影视节目的引进和播出进行严格把关和审查。为落实有序开放数字产品市场,一方面,杭州数字自贸区应当做大数字产品贸易,高质量发展数字媒体、数字出版、网络视听、数字娱乐、数字影视、动漫游戏等数字产品贸易,培育有国际竞争力的数字产品特色品牌,大力发展和向海外输出"杭产动漫"、数字影视、数字音乐、电子竞技等原创数字精品。另一方面,杭州数字自贸区可对涉及意识形态的数字产品进行分类监管,对于违反国家法律法规的数字产品不予准入;对于潜在的敏感数字产品实行动态调整的负面清单制度,通过建立由政府、企业、网民和社会团体等多方参与的监督评价机制,及时发现和处理有违文化意识形态安全的信息;对于通过国家审查标准的数字产品及时放开市场准入,有序扩大数字产品市场的开放,打造杭州数字经济新引擎。

(二)先行探索中国式数字产品非歧视待遇规则

美国数字产品的生产和出口具有较强的比较优势,因此主张将数字产品置于 GATT 框架下以最大程度地寻求贸易自由化，从而扩展本国的数字市场。欧盟则主张数字产品兼具文化和经济的双重属性，文化安全同样是数字贸易规制的重要目标，在对数字产品市场进行开放时，应当寻求贸易利益与文化安全的协调，将市场开放的决定权与裁量权掌握于自身手中，因此，欧盟认为 GATS 是最适宜规制数字产品的规则。虽然当前我国数字产品市场处于上升阶段，但技术发展程度仍与欧美发达国家存在差距，CPTPP 与 DEPA 的规则已经基本成熟，而我国正在推进 WTO 框架下以及 RCEP 等其他经贸协定中的数字产品规则谈判，但所提出的方案少有涉及数字产品的非歧视待遇问题，在数字产品非歧视待遇规则的制定中缺乏话语权。因此，为进一步谋求新时期贸易发展新机遇，作为数字贸易先行区，杭州市自贸区一方面可在现有数字贸易规则框架下，在个案中探索数字产品非歧视待遇的适用路径，深化数字产品非歧视待遇规则的实践，为构建中国式数字产品非歧视待遇规则积累经验；另一方面，在相关规则的制定与谈判中，对数字产品法律定性的立场予以明确，进一步界定数字产品非歧视待遇的适用对象、适用范围、适用限制、适用标准等，先行探索符合我国长远利益的中国式数字产品非歧视待遇规则，在数字经贸的国际舞台上掌握核心话语权。

专题三:数字贸易金融的杭州实践

数字贸易金融是数字技术与传统贸易金融深度融合形成的新型金融服务,主要有两层含义,一方面是将数字技术应用于跨境结算、贸易融资等传统贸易金融领域,如基于大数据、区块链技术的数字贸易金融供应链平台、第三方跨境数字支付等,另一方面是金融业支持或服务于数字贸易新业态,如数据贸易质押贷款等。

一、国际数字贸易金融现状和趋势

为了解决传统跨境贸易金融流程复杂、效率低、成本高、不透明的痛点,贸易金融领域的数字化转型应运而生,但过去几十年间,受到法律障碍、标准缺失等影响,其进展一直缓慢。近年来,随着新兴数字技术的深度应用,这些技术持续赋能传统贸易金融数字化转型,以贸易供应链产业链为核心,针对链上各个环节开展数字化创新,如进口商向其委托银行利用智能合约进行自动化支付、利用区块链技术重构传统代理银行网络进行跨境数字支付、银行利用大数据和人工智能等技术搭建数字贸易供应链融资平台、利用 OCR(光学字符识别)技术推动外贸交易无纸化流程、利用基于智能云的发票平台简化跨境贸易账单处理流程等（见图5）。数字贸易金融在提升交易效率和安全性的同时显著降低了操作成本，推动国际贸易向更高效、更安全的方向发展。

（一）国外跨境数字支付发展现状

近年来，贸易数字化取得了令人瞩目的进展，但截至2022年全球贸易中仅有1%是通过纯电子化方式完成交易的，反映出跨境数字支付市场空间广阔，仍有巨大发展潜力。跨境支付对于遍布全球的受信任网络、严格监管和技术基础设施以及充足的流动性的需求，使得银行历史性地成为跨境支付市场的天然支配者。然而，近年来跨境支付领域经历了大量变革创新，传统的代理银行业务模式难以应对新兴替代方案和数字化浪潮，全球跨境支付面临多种趋势的影响，竞争格局或将被重塑。传统跨境支付手段面临来自新兴技术的多重压力，包括基于分布式账本技术的加密数字货币、信用卡和支付网络创新；全球金融监管和制裁框架的变化；第三方跨境数字支付平台，如Wise、PayPal和亚马逊等（见表3）。

表3　主流跨境支付方式

类　型	资金来源	支付平台	资金速度	手续费
信用卡	信用额度	电子商务平台，数字钱包	即时，不超过两个工作日	较低
电汇	银行存款	银行间系统	3—5个工作日	较高
EFT（电子支票等）	银行存款	电子商务平台、国际ACH、数字钱包	2—3个工作日	非常低
加密数字货币	加密货币资产	数字钱包、加密和电子商务平台	即时	较低
数字钱包	账户资金	电子商务平台、数字钱包	即时，不超过两个工作日	较低

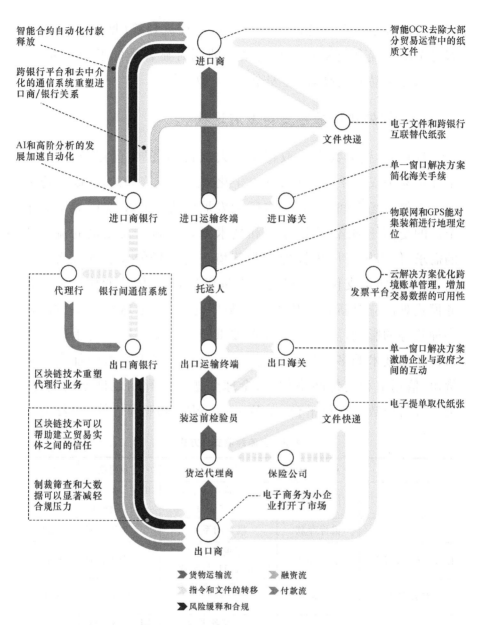

图 5   传统贸易金融中的数字创新

资料来源：Deutsche Bank. *A Guide to Digital Trade Finance*. Deutsche，2024.

　　跨境支付因各地区经济地位、宏观政治环境和金融法规监管的差异性而面临独特挑战,增加了跨境交易成本,具体表现为四大阻滞因素:一是跨境支付深受货币估值差异和汇率波动的影响,汇率波动给企业带来难以预测的经营风险;二是监管法规的地区性差异对部分支付方式造成限制,部分支付方式被部分国家视为有风险的行为,在其他地区却具备合法性和合理性,导致商家可能因无法支持客户本地支付方式失去贸易合作机会;三是银行业保密法要求保护消费者的隐私权,但银行间财务数据对接效率低导致资金拨付缓慢,对跨境支付效率的提升造成阻碍,银行需花费较多时间与其他银行共享财务信息,以确保交易合规;四是高科技支付欺诈威胁日益增长,电子商务及其他在线支付平台持续成为恶意攻击的目标,或易导致诸如 2024 年 5 月戴尔用户数据泄露等重大安全事件。

　　跨境支付前沿创新聚焦于借助金融科技应对上述挑战,包括改进服务平台、优化法规和提高安全性等,以增强金融中介间的协作性,具体表现为四大创新:一是开放银行在解决资金延迟方面的创新,银行机构与支付处理方之间自由共享财务信息,使账户间即时支付成为可能,目前部分欧洲国家已使用账户对账户交易(A2A),2023 年 A2A 交易额达到 136 亿美元;二是在线支付服务平台的创新,支付编排整合了多家支付处理商的接入权限与智能路由工具,使企业能够对接其他国家的本土支付方式,如先买后付(BNPL)和数字钱包,从而简化了跨境支付流程;三是银行数字化支付服务的创新,银行应用程序提供了无缝的远程银行体验,包括支付账单和向其他银行转账等功能,用户可通过扫描或生成二维码向其他银行和数字钱包发送资金;四是加密数字货币的创新,如 PayPal USD 是一种由法定货币、贵金属及加密货币支撑的数字货币,其价值相对稳定,是传统外汇交易的理想替代品,此外全球最大信用卡组织 Visa 现已为多个加密平台提供加密关联卡。

(二)国外银行数字贸易金融发展现状

商业银行在数字贸易领域采取了一系列具体措施来提升竞争力和服务水平。一是银行通过数字化前端创新提升客户体验,德意志银行推出 Autobahn 平台,为客户的现金流管理、供应链管理提供线上平台,客户通过该平台可以实时跟踪交易状态,提升了贸易的便利性。二是银行利用先进的 OCR 和机器学习技术提高运营效率,花旗银行采用智能 OCR 技术,自动识别文档模板,并将纸质文本和手写内容转换为后端字段,在显著提高数据输入准确性的同时降低了手动处理的时间成本,将操作密集型任务的生产效率提高 50%。三是银行采用创新技术以简化流程和降低成本,MT798 和 BPO(银行付款责任)的实施极大提升了银行的服务水平,MT798 作为标准化的 SWIFT(环球银行金融电信协会)信息协议,允许企业直接从其企业资源规划系统中发起交易,在简化流程的同时使公司能够从多家银行购买服务,BPO 通过电子数据匹配、权责义务规范来促进进口商银行和出口商银行之间的支付,避免了开放账户交易结算风险的同时比传统信用证支付更迅速便捷。四是银行利用区块链技术提高交易的安全性和透明度,星展银行和渣打银行启动的区块链联合试点项目,使用区块链分布式账本来托管经过验证的发票,以防止重复开票欺诈,显著提高了交易安全性。五是银行与金融科技公司进行技术合作加速创新,巴克莱银行与金融科技公司 Wave BL 建立合作,使巴克莱能够利用 Wave BL 的区块链数字货运账单处理技术来改进其贸易金融业务流程,将原本需要 7—10 天完成的交易缩短到 4 小时,大幅提升交易效率和客户满意度。

二、全国数字贸易金融发展现状和趋势

(一)跨境数字支付市场蓬勃发展

伴随数字贸易新业态的快速增长,第三方跨境支付市场蓬勃发展。作为数字贸易新业态的典型代表,2018—2023 年,我国跨境电商进出口总额增长了 2.25 倍,从 2018 年的 1.06 万亿元增长到 2023 年的 2.38 万亿元。根据商务部预测,2025 年我国跨境电商市场规模将扩大至 2.5 万亿元,未来几年仍将保持快速增长态势,跨境电商贸易规模在外贸中的占比也将持续攀升,并逐渐成为外贸增长的新引擎。跨境电商市场快速扩张对于小额、高频跨境支付的巨大需求推动了第三方跨境支付的创新。第三方支付机构提供的跨境互联网支付服务相比传统银行跨境支付服务具有速度快、费用低、范围广的优势,第三方跨境收付结算规模迅速增长,2023 年跨境电商货物贸易人民币结算中通过第三方支付机构办理的金额合计约 9500 亿元,同比增长 24%。从支付机构跨境业务持牌情况来看,截至 2023 年末,已有 23 家第三方支付机构和 14 家合格银行可凭交易电子信息为跨境电商贸易主体提供跨境外汇结算;70 余家支付机构完成跨境人民币业务备案,实际展业机构 40 余家。

(二)跨境人民币支付结算便利度不断提升

伴随人民币国际化的进程加速,跨境人民币结算政策持续完善,跨境人民币应用场景不断丰富。数字贸易新业态经营主体更倾向于使用人民币结算,数字贸易收付中人民币结算占比不断提高。2023 年,人民币跨境支付占第三方支付机构跨境业务的比重

超过85％,人民币跨境交易占同期本外币跨境交易总额的比重达到58％,意味着我国跨境交易减少了对他国货币的依赖,人民币国际化步伐加快,跨境人民币收付结算对贸易主体的重要性日渐突出。近年来,跨境人民币业务政策密集出台,扩大了银行合作范围、市场交易主体范围、业务办理范围,跨境人民币结算便利度不断提升,金融市场双向开放程度持续提升(见表4)。依托跨境人民币政策便利化措施不断深化和自贸区金融支持政策不断落地,跨境人民币应用场景从传统的贸易投融资结算逐步拓展至自由贸易账户体系。数字人民币作为我国的央行数字货币(CBDC),在重塑跨境支付体系、扩容应用场景中具有较强比较优势。深圳自贸区启动的跨境数字人民币支付试点项目,使得香港居民可以使用本地手机号码匿名注册数字人民币钱包进行消费,拓展了数字人民币在小额跨境消费中的应用场景。

表4　跨境人民币业务主要政策

发布时间	发布机构	文件名称	主要内容
2021年12月	中国人民银行	《国家外汇管理局关于支持新型离岸国际贸易发展有关问题的通知》	鼓励银行优化金融服务,为诚信守法企业开展真实、合规的新型离岸国际贸易提供跨境资金结算便利
2022年5月	国务院	《国务院办公厅关于推动外贸保稳提质的意见》	鼓励银行机构加强产品服务创新,为外贸企业提供涵盖人民币贸易结算在内的综合性金融服务。
2022年6月	中国人民银行	《中国人民银行关于支持外贸新业态跨境人民币结算的通知》	支持境内银行和非银行支付机构、具有合法资质的清算机构合作,为外贸新业态市场交易主体和个人提供经常项下跨境人民币结算服务。

续　表

发布时间	发布机构	文件名称	主要内容
2023 年 1 月	中国人民银行、商务部	《关于进一步支持外经贸企业扩大人民币跨境使用促进贸易投资便利化的通知》	进一步便利跨境贸易投资人民币使用，更好满足外经贸企业交易结算、投融资、风险管理等市场需求。
2023 年 12 月	国家外汇管理局	《关于进一步深化改革、促进跨境贸易投资便利化的通知》	推进贸易外汇收支便利化。优化市场采购贸易外汇管理，放宽加工贸易收支轧差净额结算，完善委托代理项下跨境贸易资金收付，便利境内机构经营性租赁业务外汇资金结算。

（三）自贸区金融服务改革创新多点开花

伴随我国各地自贸区加速贸易数字化转型，贸易金融服务改革创新多点开花。上海市浦东新区联手中国人民银行上海分行、税务部门和浦发银行上海分行，依托自由贸易账户（FT 账户）解决上海自贸区国际船舶管理行业跨境结算难题，推出了国际船舶管理外汇便利化改革方案，并率先在企业成功试点，截至 2024 年 10 月有 29 家企业开设 FT 账户，累计跨境结算 25.6 亿元。新疆自贸试验区推出"推荐制"跨境人民币结算便利化业务，市委金融办作为乌鲁木齐片区金融开放专项工作组牵头单位，紧紧围绕中国（新疆）自由贸易试验区乌鲁木齐片区建设实施方案，创新实行"零门槛＋推荐制"的准入方式，104 家企业成为首批纳入试点范围的优质企业。大连自贸片区打造"境外个人代发薪酬便利化购付汇"新模式，针对大连自贸片区外资企业集聚、外籍人员集中的特点，携手招商银行大连分行创新推出"境外个人代发薪酬便利化购付汇"模式，为在片区就业的外籍人才提供了更加便捷高效的跨境金融服务。

三、杭州数字贸易金融的成就亮点

（一）依托平台优势持续巩固跨境支付结算领先地位

杭州以跨境电商平台优势为依托，不断巩固跨境支付结算领先地位。截至2023年末，全国已有三分之二的跨境电商零售出口平台落地杭州，在杭第三方跨境支付机构服务全国70％以上的跨境电商用户，跨境支付服务网络覆盖全球90％以上国家（地区）、跨境电商支付结算规模占全国四成。根据ShowFin智库发布的《2023年中国跨境支付机构排行榜》，蚂蚁集团旗下支付宝/万里汇、连连支付、PingPong等3家杭州本土跨境支付机构分别位居全国第1、第3、第4，体现出杭州市绝对领先的跨境支付服务能力（见表5）。此外，持续提升跨境支付便利程度，在全国率先实现国内支付APP联通海外10个电子钱包一键付款。杭州自贸片区助力构建高效、灵活的跨境支付框架以坚实支撑小额高频交易，并积极探索新兴支付模式的监管路径，充分利用牌照优势促进支付手段多元化，引导第三方支付机构提供专业、高效的定制化服务。

表5　2023年中国市场跨境支付机构排行榜Top10

排名	机构/品牌	城市或地区
1	支付宝国际 Alipay/WorldFirst/Alipay＋	杭州
2	腾讯跨境金融 WechatPay/TenPayGlobal	深圳
3	连连国际 LianLian Global	杭州
4	乒乓智能 PingPong	杭州
5	银联在线 Chinapay	上海
6	富友支付 Fuiou	上海
7	派安盈 Payoneer	纽约

排名	机构/品牌	城市或地区
8	贝宝 PayPal	加利福尼亚州
9	空中云汇 Airwallex	香港
10	京东支付 JD Pay	北京

（二）场景支撑持续推广跨境人民币支付结算

以交易网络和应用场景为支撑，稳步推广跨境人民币支付结算。杭州自贸片区不断扩大跨境贸易投资便利化的覆盖范围，倡导跨境人民币计价结算的普及应用，尤其聚焦于"一带一路"倡议及合作园区建设，努力拓宽人民币在境外的使用场景；实施"跨境

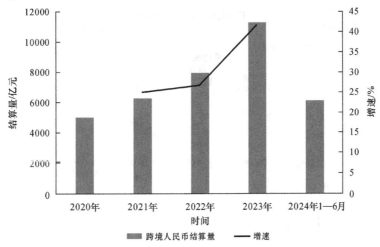

图 6　杭州跨境人民币结算量及同比增速

数据来源：杭州市商务局。

人民币首办户拓展行动"2.0 版，持续拓展跨境人民币使用主体，简化资本项目和对外承包工程的跨境人民币结算流程，降低外经贸企业成本，截至 2024 年 6 月末跨境人民币结算已覆盖自贸区内超50%的活跃外贸经营主体。杭州市跨境人民币结算规模稳步扩

大,从 2020 年的 5017 亿元增长到 2023 年的 11264 亿元,年均复合增速达 31%,占全省跨境人民币结算量 50% 以上,位列全国城市第五(见图 6)。

数字人民币试点成效显著,截至 2024 年 5 月底,杭州市数字人民币钱包累计开立 1328 万个,累计交易 1.02 亿笔,累计交易金额 1306 亿元,成功落地信贷发放、保险赔付、理财购买、纪念币兑

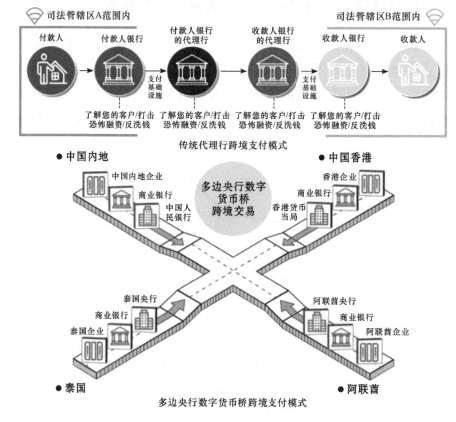

图 7　跨境支付模式对比

资料来源:BIS mBridge 项目官网。

换等金融服务场景,钱包开设数、交易笔数和金额、线下场景数在全国获批城市中均名列前茅。成功参与多边央行数字货币桥

(mBridge)跨境应用测试并落地多项真实跨境交易业务,探索数字人民币跨境贸易应用新模式,基于区块链技术的加密央行数字货币支持多币种兑换,具备去中心化、透明度高、交易中介链条短、数据安全性高等优势,能有效缓解以代理行模式为主的传统跨境支付体系中的成本高、效率低、结算风险高、透明度低等问题(见图7)。

(三)以试点为抓手积极探索跨境金融改革创新

杭州以各项试点工作为抓手,积极探索跨境金融改革创新。全国首创数据知识产权质押融资新模式、全国首发数据知识产权证券化项目、全国首批本外币合一银行结算账户体系试点,QFLP、NRA(境外机构境内外汇账户)等跨境金融业务率先落地,启动股权投资和创业投资份额转让试点。成功落地全市 QFLP 试点首单基金,总规模超 4 亿元。进一步扩大贸易外汇收支便利化试点和QFLP 试点范围,推动在部分领域试行 ODI、FDI 预备案管理,指导企业用好本外币合一银行结算账户等便利化政策。落地跨境贸易投资高水平开放试点,积极实施进一步便利经常项目外汇资金收付、支持银行优化新型国际贸易结算、扩大贸易收支轧差净额结算范围、特殊退汇免登记等 8 项经常项目和资本项目试点政策,截至 2024 年 6 月,工商银行浙江省分行等 10 家优质企业贸易外汇收支便利化试点银行顺利转为跨境贸易高水平开放试点审慎合规银行,首批备案优质企业 3482 家,减少单证资料提供,有效降低外贸企业人力成本和财务成本,部分业务缩短办理时长约 7 个工作日,大幅提升跨境贸易资金收支效率。持续深化金融科技创新监管试点,银行等传统金融机构利用数字技术、数字资产搭建数字贸易金融平台,开展数据知识产权质押融资,创新知识产权证券化等金融产品,强化数字金融供给。在杭州数字自贸区建设的带动下,2023

年杭州数字贸易额为 3190.7 亿元，占浙江省数字贸易总额的41.3%。杭州自贸片区以仅占全市 0.22% 的土地面积，贡献全市10.9% 的实际利用外资、19.2% 的外贸进出口总额和 16.1% 的税收收入，杭州数字自贸区已成为驱动杭州乃至浙江省经济高质量发展的强劲引擎。2024 年 6 月，滨江区块企业助力全国首单数据资产订单担保贷款落地，灵犀科技凭借数据资产在杭州数据交易所完成数据资产登记和上架交易，获得了由杭州融担集团联合南京银行杭州分行提供的 1000 万元担保贷款，本单贷款的发放标志着国内数据资产担保融资领域实现了"零"的突破，同时也加速了杭州片区在数据资产融资创新模式方面的探索与尝试。

四、存在的问题

(一)跨境支付机构市场竞争和经营风险加剧

当前跨境支付市场竞争激烈，出海展业过程中获取境外支付牌照成为企业竞争力的重要支撑，缺乏核心竞争力的企业面临业务增速下降和营利压力增大的风险，跨境支付市场格局可能会重新洗牌，在现有金融监管政策下，中国跨境支付行业可能形成机构竞争激烈、相互牵制的竞争格局。从第三方支付机构之间的竞争来看，截至 2023 年底，国内已有超过 190 家公司取得了中国人民银行颁发的第三方支付业务许可证，超过 100 家机构获得数字支付相关业务的牌照，超过 30 家获得跨境外汇支付业务试点批准。蚂蚁集团和腾讯跨境金融作为头部跨境支付机构，占据国内第三方支付市场的大部分份额，强大的资金实力为其展业提供了重要保障，而紧张的现金流状况、严峻的盈利下行形势却为连连国际等第三方支付机构带来了较高的经营风险。从银行跨境结算业务和第三方跨境支付机构的竞争来看，银行在跨境支付中扮演着不可或缺的角色，随着银行数字化业务的不断发展，或将获得第三方支付平台在跨境支付市场中的大部分市场份额。从国内外跨境支付机构的竞争来看，在全球贸易保护主义抬头和逆全球化思潮蔓延的背景下，我国跨境支付机构在拓展国际业务时，正面临来自国外同行的激烈竞争。加之全球经济增长乏力，这一趋势可能对我国企业跨境支付业务的持续增长构成显著压力。

（二）跨境支付网络和结算效率仍需优化

目前我国外贸企业跨境支付方式以商业银行、第三方支付机构为主，仍存在支付网络覆盖不足、收款和结汇成本高等堵点和痛点。

从跨境支付方式的共性问题来看，尽管主流支付方式应用范围较广，但现阶段跨境电商支付仍存在中间环节多、跨境支付时效性欠佳、交易结算风险较高、交易对手路径依赖等问题。外贸企业跨境收款流程具有较多中间环节，金融机构与银行的流通、交易、合规、结算和风控等中间环节，拉长了外贸企业货款回流周期，增加了企业的资金占用，降低了资金周转效率，增加了其经营风险。外贸企业仍面临较高结汇风险，现有汇率衍生品无法满足外贸企业的交易场景和碎片化需求，或将造成企业结汇损失，例如人民币汇率2024年第三季度强势升值并大幅超预期，造成外贸企业出口利润大幅减少，部分外贸企业出现亏损。交易对手具有较强的路径依赖，人民币支付接受度较低，美元作为国际货币体系中的强势币种，在跨境贸易中使用频率较高，交易对手对其有较强的路径依赖，致使其拒绝接受使用人民币支付或持保留态度。交易对手不愿意使用人民币是目前使用人民币进行跨境贸易结算的主要风险和困难，其中人民币汇率政策波动的不确定性、境外使用场景受限、业务流程不熟悉等是导致人民币支付接受度较低的主要原因。

从商业银行跨境支付来看,尽管传统跨境支付体系主要依赖商业银行账户体系,但其仍存在金融服务网络覆盖面和深度不足,代理行的经营权逐步被大型商业银行垄断,以SWIFT为主导的跨境支付清算系统容易受地缘政治风险影响等问题。中资银行及其境外机构在服务中国企业"走出去"和吸引外资"引进来"方面具有优势,但金融服务网络具有覆盖面和深度不足的问题,且境外本地银行和跨国银行在提供人民币服务方面的占比较低,人民币国际化仍然处于初级发展阶段,还未能吸引足够的国际金融机构参与提供人民币金融服务的市场。部分商业银行尚未建立跨境电商交易结算系统,反洗钱管控下外贸企业资金冻结风险较高。现阶段不少银行仍未建立专门的B2B跨境电商交易结算系统,难以高效管控这类风险,部分正常的跨境电商支付结算也会面临资金被冻结的情况,增加了外贸企业的流动性风险。以SWIFT为主导的跨境支付清算系统容易受地缘政治风险的干扰。SWIFT作为当今全球国际支付系统的重要支柱,主要由以美国为主的传统发达国家主导,国际政治摩擦加剧可能导致美国及欧盟国家拒绝某国或相关金融机构接入SWIFT系统,以达到对特定主权国家或金融机构制裁的目的,对跨境企业的资金流动造成障碍。

从第三方支付机构来看,尽管第三方跨境支付机构拥有便捷迅速、门槛低、结算周期短等优点,但仍存在费率较高、汇率透明度较低、交易风险较高等问题,卖家跨境收款效率有待提升。第三方跨境电商支付结算的费率仍待降低,主要包括提现手续费与汇兑损失,在此基础之上部分支付平台还设置了年费、到账费用等项目,从而产生了较高的跨境支付费用,增加了外贸企业的收款成本。此外,目前专门服务大额B2B跨境支付的第三方支付机构较为缺乏,部分B2B交易收款采用银行账户和B2C类支付工具,银行间资金结算收费以及 B2C 交易收取手续费，也使 B2B 跨境电商交易面临较高成本。第三方支付平台交易风险较高，跨境电商作为一种贸易新模式，相关法律法规还有待完善，存在因操作不合规增加的交易风险。部分第三方支付机构为降低成本、实现利益最大化，风控存在疏漏，比如放弃成本较高但效果更好的大数据分析来审核跨境电商交易数据，而采用低成本方式审核客户身份，容易出现虚假信息泛滥和交易欺诈，增加跨境支付的交易风险。在跨境交易环境中，若网络中存在安全性较弱的节点，一旦遭受攻击，可能引发数据泄露，对整个交易网络的安全性与稳定性构成威胁。

（三）政策兼容性和国际多边合作仍需加强

国内跨境金融政策兼容性欠佳，普适性有待提高。首先，涉及跨境人民币使用的法律法规包含众多条款和细则，在不同的经济领域和交易类型中存在差异，使得企业难以全面理解和掌握。其次，政策的更新和调整比较频繁，企业需要不断适应新的政策环境，容易增加企业运营成本。此外，政策复杂性还可能间接影响企业对人民币国际化的信心和参与度，若企业认为使用人民币进行跨境交易的门槛过高，或者担心政策变动带来的不确定性，则可能会选择更为熟悉和稳定的货币进行交易，从而限制了人民币在国际市场上的使用和发展。

资本流动存在障碍，企业风险管理难度较大。资金出入境审批要求、额度控制以及税收政策等障碍是跨境人民币结算面临的主要问题，加剧了企业跨境人民币结算的复杂性，增加了成本，降低了交易的效率。资本流动障碍还可能影响企业在投融资环节使用人民币的频率，在限制企业自身发展的同时，也影响了人民币在国际金融市场中的认可度。此外，资本流动障碍增加了企业风险管理的难度，致使企业可能难以通过衍生品市场等工具进行风险对冲从而降低人民币汇率波动带来的风险。

各国政策存在差异性和不均衡性,制约跨境支付平台展业。跨境支付作为复杂多维的金融活动,货币政策、外汇管理、合规监管及制度架构等多个关键领域互相交织,其特性体现在应用场景的广泛性、操作流程的复杂性以及高度的实践性上。首先,各国在跨境支付领域的研发与推广上呈现出显著的差异性和不均衡性,这种现状直接制约了数字跨境支付的普及速度和基于 CBDC 的多边跨境支付平台的发展。其次,监管政策的差异性为 mBridge 跨境支付带来合规挑战。各国数字货币监管立场与规则的不统一,使得跨境合作与资源共享需应对复杂的合规问题。平台需与各国监管机构紧密合作,确保遵循反洗钱、反恐怖融资等监管要求,并随监管法规的动态变化而灵活调整策略。

专题四：优化数字经济营商环境的杭州实践

推进国家治理体系和治理能力现代化，必须抓好城市治理体系和治理能力现代化。数字化改革是杭州高质量发展的最强引擎，杭州是第一个提出"城市大脑"的城市，第一个名副其实的"移动支付之城"，第一个开展"5G 车联网试点"并有成果落地的城市，国内第一个自主研发"飞天"超大规模通用云计算系统的城市，第一个提出企业上云理念的城市，等等。杭州创造了多个数字经济领域第一，2024 年数字经济核心产业营收突破 2 万亿元，实现增加值 6305 亿元，占全市 GDP 比重达 28.8%，创历史新高，数字经济已成为杭州高质量发展的"强劲引擎"。

数字经济蓬勃发展带来了营商环境治理方面的挑战，同时也为杭州市实现高质量发展提供了重要的战略契机。2022 年 1 月，杭州市委、市政府制定印发了《杭州市国家营商环境创新试点实施方案》，旨在切实提升数字营商环境水平，精益求精、打造全国营商环境最优城市。

一、擦亮政务服务增值化改革"金名片"

作为省委部署的一项重大改革任务,政务服务增值化改革是营商环境优化提升"一号改革工程"的牵引性抓手,是杭州在新的历史起点上实现高质量发展的必由之路。市委十三届四次全会指出要在构建增值式政务服务体系上实现更大突破,更好发挥国家营商环境创新试点城市的领跑示范作用。当前,杭州以政务服务增值化改革为牵引性抓手,着力打造政务服务增值化改革"金名片",全力推动政务服务从便捷服务向增值服务迭代升级。

(一)钱塘片区

钱塘片区聚焦"一中心"集成、"一条链"贯通、"一平台"赋能、"一体化"协同,在优化基本政务服务的基础上,着力为企业提供精准化、个性化衍生服务,推动政务服务从便捷服务向增值服务全面升级,擦亮"最佳营商看钱塘"品牌,助力钱塘经济高质量发展。

在促进产业发展方面,一是探索建立科技成果增值服务体系,立足全省最大规模高教园区科教资源、全省高能级战略平台产业资源,以政务服务增值化改革为牵引,搭建企业综合服务中心科创服务专窗和"钱塘校融"数字化应用,通过集成资源要素、拓展服务路径、创新转化模式等举措,加快打造科技成果转移转化高地;二是打造多元化接力式金融增值服务,整合政府、市场、社会三方资源,将"民营经济 32 条"中"加大产业基金支持力度""强化金融保障"等任务转化为"股权融资对接服务"等 22 项增值服务,为企业提供全生命周期的多元化接力式金融增值服务,塑造科技创新的新动能新优势。截至 2024 年 5 月,金融服务板块已累计受理并办结企业诉求 932 项，其中涉及"32 条"的诉求 889 项，占比 95.39%。

在政务服务优化方面，打造"全链＋协同"兜底增值服务，构建诉求解难闭环新生态。聚焦兜底"全要素"，系统搭建服务架构。汇集疑难杂症问题，明确大类非常规事项，出台实施"兜底办"工作机制，迭代制定深化服务方案，建立服务事项、标准化建设、问题处置、纪检联动"6331"服务运行机制及主任服务日、统筹协调等 5 项管理机制，实现诉求处置全流程标准化。聚焦解难"全环节"，一体打造"联动体系"。实行"3135"三级问题处置，按照问题复杂程度，从易到难落实 1 个工作日内"现场办"、3 个工作日内"局长办"、5 个工作日内"研讨办"流程，实现即刻受理、限时处置。聚焦保障"全支撑"，科学制定"提能方案"。将办件情况纳入全区政务服务年度考核及区政务服务中心日常部门管理考核，并联动纪委实行容错免责机制，制定 12 类情况正面清单和 10 类情况负面清单，对担当行为免责，对推诿行为追责，建立兜底办数据库，强化数据分析、问题复盘，总结案例经验，提炼共性解决方案，将"非标件"转化为"标准件"，实现从"办成一件事"到"解决一类事"的提升。

在企业服务监督保障方面，针对流转环节多、办成周期长、成效普惠广的企业诉求问题，创新"标的物"跟踪机制，由企业综合服务中心牵头，施行"统筹制定解决方案—反馈方案满意评价—跟踪督促事项推进—反馈办成满意评价"的跟踪办理，进行全流程督办，实现考核机制由"过程办结"向"最终办成"转变，企业诉求问题解决达成"方案满意"加"结果满意"，真情实意推动为企办实事落地见效。2024 年 9 月出台杭州市钱塘区涉企问题标的物跟踪机制，建立了规范化的"标的物"跟踪服务工作流程，对"标的物"跟踪服务范围、工作流程予以明确。

（二）高新片区

高新区围绕"强化增值服务集成供给"，创新构建以企业综合服务中心为核心，以自贸试验区人才·企业服务站为基层政务服务先锋站点，联动5个产业发展服务中心和全域产业社区、暖企小站，打造"1＋6＋X"服务矩阵。一是构筑全方位增值服务矩阵，立足全域覆盖打造1个"中台枢纽"、建强6个特色"分站点"、聚能X个助企"微空间"；二是完善全领域增值服务机制，打造"滨好办"人才·企业综合服务平台，整合政府、社会、市场三方资源，为各产业服务平台、街道、人才·企业服务站、暖企小站提供一站式服务资源。发布《高新区（滨江）政务服务增值能力指数1.0》，梳理一体化集成服务、全周期服务事项落地、全流程问题闭环处置、常态化会商协调等工作指标，强化"1＋6＋X"服务矩阵各单位协同联动；三是创新全周期增值服务载体，从"引进来＋走出去"、"一对多＋一带多"、"产业链＋服务链"三方面全方位强化精准滴灌。

2024年末，高新区全区面上启动建设54个暖企小站，已建成聚光中心、盛大科技园等16个暖企小站。海创基地暖企小站已举办人才企业申报、劳动保障指导、知识产权指导等各类活动共18场，累计举办"滨创荟""十月百场""贝邀会客厅"等各类特色产业链对接、政策申报培训等主题活动10余场，吸引140余家企业参加。联动物联网产业园常态化开展联企走访，2024年上半年走访服务企业241家次，收集各类问题需求263条，问题处理率达90％。江北发展服务办联企服务专员联动人才服务板块，助力17名人才申报，同比增长41.7％。2024年1—9月，互联网产业园已举办产业对接活动32场，服务近300家企业，聚焦人工智能、AIGC（人工智能生成内容）、生物医药、数字健康、直播电商等领域，推动产业链上下游企业深度融合，帮助解决企业服务需求20

余个，有效推动产业链上下游融通发展。

（三）萧山片区

萧山片区通过构建综合服务体系、助力产业发展、创新政务服务、化解企业风险和完善监督评价机制等多方面的举措，有效提升了政务服务水平，优化了营商环境，推动了区域经济的高质量发展。

在综合服务体系平台构建方面，一是以企业综合服务中心建设为切口，构建了"1＋8＋X＋N"服务体系，即"一窗受理"模式，8 个省定增值服务板块，X 个特色服务专区，N 个产业园区嵌入式分中心，推动 190 项核心涉企增值事项、29 项"一类事"应用场景集中进驻，打造"一站式"企业综合服务平台。二是建立"萧伙伴"线上企业服务平台，整合各类政务资源和社会服务资源。该平台为企业提供全方位的线上服务，包括但不限于法律、金融、人才等领域。通过数字化手段，企业可以在平台上快速查询政策信息、申请服务、寻求专业咨询等。2024 年上半年共受理涉企问题 18 万余件，办结率 99.92％，企业满意率 96.94％。

在产业发展与人才培养方面，萧山片区深化"平台 ＋"模式，充分发挥"北斗七星"创新联盟等平台的资源集聚和协同创新作用。一方面，紧密结合萧山区产业特色，构建与产业需求深度匹配的创新人才培养机制。通过引企入教改革，开展"订单式"实习实训，使教育与产业实践紧密结合，为企业输送符合实际需求的专业人才。另一方面，积极推进校（院）企联合实验室建设，促进资源共享与融合。例如，萧山积极引进多家高能级科创平台，吸引了大量高端人才，有力地促进了高新技术企业数量的增长和产业增加值比重的提升，推动了传统产业的转型升级和对新兴产业的培育。

在特色产业链增值服务方面，围绕新材料等特色产业链，深入开展增值服务。一是通过精准对接产业链上下游企业的供需关系,从"普惠"服务向"精准"服务迭代升级。建立产业链"共性＋个性"需求问题库和"一产一链"全景图,全面掌握产业链发展的关键问题和整体状况。二是整合涉企服务资源,打造涵盖政府、企业、科研机构等多方参与的增值服务"大联盟"。同时,依托省级"企业码"试点,探索开展产业链应用集成改革。针对膜材料产业链面临的难题,通过联合组团招商,引入配套企业和科研力量,并建成研产一体化实验室,有效提升了产业链的协同创新能力。此外,图灵小镇的 AIGC 智算中心和制造业数字化能力中心为企业提供算力支持、创新应用孵化等增值服务,有力地推动了新材料行业的数字化转型。

在公安政务服务方面,萧山片区推出了一系列创新举措。一是推进小客车号牌"云申领",通过优化流程和利用信息化技术,实现机动车上牌的简化和移动办理,不仅提高了办理效率,也为汽车消费链的优化提供了有力支持,带动了汽车消费的增长。同时,加强对相关业务的监管,确保服务质量和安全。二是开展城市货运导航通行服务,以智能导航代替传统的通行证办理方式,提高了货运效率,有效缓解了城市货运交通管理难题,保障了交通安全。三是开通居住证签注"智办秒办"服务,明确电子证件的法律效力,通过线上"秒办"功能和三色提醒服务,优化人才引进服务链,为人才在萧山区的发展提供便利。

在监督与评价机制创新方面,萧山创新设立政务服务增值化改革"微笑指数"评价体系,从窗口设置规范度、日常工作勤廉度、企业群众满意度、政务增值成效度四个维度,细化为 30 个具体指标,对增值服务窗口进行全方位、系统性的测评。通过建立办件质量、问题诉求、增值成效三个监督闭环,实现对政务服务全过程的监督和反馈,保障增值服务的质量,以评价结果倒逼政务服务增值化改革的持续优化。

二、做好资源要素配置管理"总抓手"

一流的营商环境不仅要求城市具备高效的资源配置和管理机制,还要能够不断创新和完善这些机制,以适应不断变化的市场需求和经济发展趋势。杭州利用数字技术,全方位参与资源要素配置管理,在创新人才、技术、资金、数据等方面实现了生产要素的全链条供给,为城市的经济发展和创新提供了强有力的支撑。

(一)创新人才要素供给

杭州打出一套政策"组合拳",为人才提供全方位的支持。通过完善住房补贴、生活补贴等福利措施,为人才提供工作底气和保障。同时,杭州积极研究开拓人才工作法,不断探索创新人才管理模式。一方面,加大对人才培养的投入,与高校、科研机构合作,建立人才培养基地,为人才的成长提供广阔的空间和丰富的资源。另一方面,注重人才的合理利用,根据人才的专业特长和企业的需求,进行精准匹配,实现人才价值的最大化。此外,杭州还致力于丰富人才资源、优化营商环境,促进高质量发展。通过举办各类人才交流活动、创新创业大赛等,为人才提供展示自我的平台,吸引更多优秀人才汇聚杭州。

为了提供涵盖创新创业、出行文旅、生活就医等各类需求在内的多种服务,杭州通过迭代升级"杭州人才码",实现了人才办事、双创、生活、服务全面优化升级的目标。"杭州人才码"整合了各部门的资源,为人才提供一站式服务。人才可以通过"人才码"轻松办理各种手续,如落户、社保、公积金等。同时,还可以享受创新创业扶持政策、出行优惠、文旅活动免费参与等福利。以数字技术助力打造更优营商环境,让人才在杭州感受到无微不至的关怀和便利。

(二)资金要素供给

在资金方面,杭州市开发上线"杭州 e 融"特色金融综合服务平台,并发布一系列专属融资产品,旨在为中小微企业提供更便捷、高效的金融服务。中小微企业是经济发展的重要力量,但往往面临融资难、融资贵的问题。"杭州 e 融"平台的出现,为中小微企业带来了福音。

做强金融综合服务平台,推出多种融资模式,如"定向需求发布,指定银行直接受理""公开需求发布,多家银行抢单"及智能匹配等,以更好地满足企业的融资需求。企业可以根据自身情况选择合适的融资模式,提高融资效率。同时,平台还提供融资咨询、风险评估等服务,帮助企业降低融资风险。通过"杭州 e 融"平台,金融机构与企业之间的信息不对称问题得到有效解决,资金的流动更加顺畅,为城市的经济发展提供了坚实的资金保障。

(三)数据要素供给

在数据要素供给方面,杭州市在做好公共数据开放的制度设计基础上,有序推进公共数据开放,通过"规则 ＋ 市场 ＋ 生态 ＋ 场景"推进数据价值化,全面激活数据要素潜能,形成多层次多元化数据市场体系。出台《杭州市有序开放公共管理和服务机构产生的部分公共数据实施方案》《杭州市公共数据开放暂行办法》等文件,为公共数据开放提供了制度保障。

截至 2024 年底,杭州市已累计开放几十亿条公共数据,数据集文件下载次数超过千万次。通过不断完善公共数据开放,促进数据的共享和流通,释放数据的价值,为数据的利用和开发提供了更多的机会。数据的开放不仅为企业的创新发展提供了丰富的资源，也推动了政府的数字化转型，提高了政府的治理能力和服务水平。例如，在交通领域，通过开放交通数据，企业可以开发智能交通应用，为市民提供更加便捷的出行服务。在医疗领域，开放医疗数据可以促进医疗大数据的分析和应用，提高医疗服务的质量和效率。在教育领域，开放教育数据可以推动在线教育的发展，为学生提供更加个性化的学习体验。

三、打造数据知识产权改革"新前线"

在当今数字化浪潮汹涌澎湃的时代背景下，杭州以敢为人先的创新精神和高瞻远瞩的战略眼光，积极投身数据知识产权改革的伟大征程，全力打造数据知识产权改革"新前线"。通过一系列全方位、多层次、创新性的举措，杭州在知识产权数字化改革、政策环境优化以及与产业深度融合等关键维度持续发力，不仅为自身构建起了强大而高效的知识产权保护与发展体系，更为全国知识产权改革事业树立起了一面旗帜，引领着行业在新时代的发展潮流中砥砺前行，探索出一条数据驱动、创新引领、协同发展的知识产权改革之路。

在知识产权数字化改革上，滨江片区获批建设国家级物联网产业知识产权运营中心和国家专利导航服务基地，这一成果意义非凡。通过为区委组织部、区发改、经信、科技、商务等多部门绘制精准的产业图谱，如同为区域经济发展绘制了详细的战略蓝图，为区域"双招双引"以及产业延链补链提供了强劲有力的支撑。同时，杭州市知识产权保护中心在此落地生根，专注于全市高端装备制造产业的协同保护工作，全面涵盖从知识产权的申请、审查到纠纷应对等一系列关键环节，高效整合各方资源，极大地提升了保护效率。并且,联合申报获批第三批海外知识产权纠纷应对指导地方分中心,为本地企业应对海外知识产权纠纷构建起了坚实可靠的应对机制。2023年知识产权大厦积极培育和引进了28家公共服务机构和30余家市场化服务机构,涵盖专利代办处、商标受理窗口、版权服务窗口、保护中心、知识产权巡回法庭、世界知识产权组织技术与创新支持中心等丰富多样的类型。这些机构相互协作、优势互补,共同形成了一个完善且充满活力的知识产权服务生态系统,为各类创新主体提供了"全门类、全链条、一站式"知识产权服务。无论是处于起步阶段的初创企业,还是规模庞大的大型企业,均能在这个生态体系中便捷地获取从知识产权创造、运用到保护的全方位优质服务,从而极大地提高了创新主体的知识产权管理效率。此外,在海外设立知识产权保护公益服务站,专门为浙江企业提供海外知识产权维权服务,为浙江企业在国际市场的拓展保驾护航。

在政策扶持方面,杭州出台了《关于推进知识产权高质量发展的实施意见》《关于进一步加强知识产权工作的实施意见》等一系列高瞻远瞩的政策,并巧妙地在其他产业政策中嵌入知识产权内容,成功实现了知识产权工作与整个产业发展政策的深度融合与相互促进。每年投入不少于1亿元的专项资金用于知识产权产业扶持,针对知识产权服务业,不仅慷慨提供项目奖励,还贴心地给予房租补贴,并为知识产权人才培养提供充足的资金支持。截至2023年10月,知识产权质押融资额达51亿元,其中专利质押超39亿元,这一数据充分表明知识产权在金融领域的价值得到了有效挖掘与认可。同时,组建由书记、区长任双组长的知识产权工作领导小组,区委宣传部、法院、检察院、公安分局、知识产权局五部门紧密合作,签订战略合作框架协议,成功构建起了"大保护"格局,全方位加强了知识产权协同保护。此外,积极组建知识产权服务业联盟、企业刑事合规促进会、知产同心荟等社会组织，这些组织通过精心制定行业规范、广泛开展培训和交流活动等多种方式，有力地提高了知识产权服务行业的整体水平，保障了知识产权市场的健康有序发展，为创新主体营造了优质、稳定的营商环境。

在知识产权与产业深度融合方面，杭州设立浙江省首个高价值知识产权培育平台，在其推动下，2024 年每万人高价值发明专利拥有量达 344 件，27 家企业成功进入浙江省创造力百强榜，其中前十中更是占据七家之多，显著提升了企业的创新能力和市场竞争力。设立 2 亿元物联网产业知识产权运营基金，并顺利完成 1.02 亿元知识产权证券化，为企业开辟了多元化的融资渠道，有效缓解了企业融资压力。开展“数智领航”知识产权梯度培育，为 300 多家企业开展 IPO 知识产权辅导，为 30 多家企业提供海外知识产权预警分析，同时积极推广各类知识产权保险，为企业在国际市场拓展过程中提供了全面的风险预警和可靠的保障机制。深入开展产业类专利导航 10 项，企业专利微导航 26 项，试点专利开放许可、数据知识产权质押、专利纳入标准等创新举措，大力推动知识产权与产业深度融合、协同发展。值得一提的是，杭州还承接了数据知识产权、创新管理国际标准、专利开放许可等国家试点任务，并且知识产权“一件事”集成服务改革等三项成果被评为浙江省改革优秀案例，为其他地区在知识产权与产业融合发展方面提供了极具价值的借鉴经验，引领着全国知识产权改革不断迈向新的高度。

专题五：数据确权的杭州实践

　　在新一轮科技革命和产业变革推动下，数智化已经成为当前全球经济发展的重要趋势，数据要素作为一种新型生产要素和经济资源，是产业向数字化、智能化发展的核心基础，既能推动数字经济高质量创新发展，也能提升传统产业生产效率，还能有效推动新经济、新技术和新业态的发展，助力经济高质量增长和经济增长动能的优化。为此，数据要素也被誉为数字经济时代的"工业石油"，是新一轮科技革命和产业变革的重要推进剂。中央深改委第二十六次会议审议通过的《关于构建数据基础制度更好发挥数据要素作用的意见》(2022年12月)，明确从数据产权制度、流通和交易制度、收益分配制度、数据安全治理制度等四个方面开展数据要素基础制度的探索，以充分发挥我国海量数据规模和丰富应用场景优势，激活数据要素潜能，做强做优做大数字经济，增强经济发展新动能，构筑国家竞争新优势。2024年国务院《政府工作报告》也提出了健全数据基础制度，大力推动数据开发开放和流通使用的发展要求，进而以广泛深刻的数字变革，赋能经济发展、丰富人民生活、提升社会治理现代化水平。然而，构建完善的数据要素基础制度体系，最大的一项挑战就是数据确权，数据确权问题得不到解决,就无法合规开展数据的流通和交易,就难以激活数据要素潜能。高效科学地解决数据确权问题已成为当务之急。

2023年杭州数字核心产业的产值达到了1.8万亿元,数字经济不仅成为杭州经济量增和质升的重要推动力量,还成为杭州培育新质生产力重要抓手,更成为杭州打造未来发展新优势的重点领域。杭州数字经济的发展得益于其聚集了阿里巴巴、网易、海康威视、大华等一批具有国际竞争力和行业领导力的领军企业,打造了一条覆盖关键控制芯片设计研发、无线射频识别、传感器、存储器和终端设备制造、网络安全等关键环节的数字经济全产业链,并在多个数字经济产业领域处于国内领先地位,这也使得杭州被誉为"数字经济第一城"。数字经济已成为杭州高质量发展主引擎、转型升级主动力、创新创业主阵地,由此可见,杭州拥有极为庞大的数据规模和丰富的应用场景。为此,进一步激发数据要素的潜能,不仅对杭州经济高质量发展、培育新质生产力、共享数字经济红利和促进共同富裕等战略具有重要的现实价值,还能使杭州在数据确权领域的实践工作走在全国前列。

一、以数据知识产权登记与保护为抓手,做实做强数据确权

(一)持续完善数据知识产权登记制度体系,为数字要素确权提供制度保障

数据知识产权登记既是数据确权与入表的第一步,也是确保数据要素便捷流通的关键所在。为此,《关于构建数据基础制度更好发挥数据要素作用的意见》提出了建立健全数据要素登记及披露机制的要求。数据知识产权登记作为知识产权领域的新型财产

登记制度，既是对数据资产权益归属的确认，也为数据进入流通领域提供一个"身份证"。杭州市以其扎实的数字产业基础和丰富的数据要素为依托，积极探索构建数据登记制度，以为数据要素的确权与入表提供科学可靠的体制机制，进而促进数据要素创新开发利用，规范数据知识产权登记工作。

　　首先，杭州市出台了地方性法规《杭州市数字贸易促进条例》（2024 年 6 月 1 日起实施），该条例提出依法加强对数字产品版权、算法、数字藏品、生成式人工智能成果等的保护，明确构建涵盖数字产品版权、数字资产授权、登记、流转和开发的产业生态链发展目标，支持国际版权登记机构在杭州市开展业务，依法推进数字身份认证、软件实名认证、数据产地标签识别等，提高数字贸易流程透明度与标的可追溯性，为杭州市数据确权与入表提供方向和制度基础。其次，杭州市依托《浙江省数据知识产权登记办法（试行）》（2023 年 7 月 1 日起实施）对数据知识产权的名称、行业、应用场景、来源、结构规模、更新频次、算法规则、存证公证等情况进行细致梳理，进而在审查公示的基础上，对数据知识产权进行发证及公告，有效地规范了数据知识产权的登记过程，为数据要素更好地发挥经济发展赋能效应奠定制度基础。最后，杭州鼓励开展数据知识产权登记活动，不断加码数据知识产权登记辅导，自 2023 年起，杭州发布了全国首个数据知识产权交易地方标准《数据知识产权交易指南》《数据知识产权市场化定价指南》，为数据确权与授权做大做强提供支持，进而最大化发挥数字要素对杭州经济的促进作用，助力杭州的数字经济第一城和高标准建设"中国数谷"战略目标的实现。

(二)以数据知识产权登记公共平台建设为依托,促进数据科学便捷确权

数据要素是数字经济的基础,数据确权是数据要素进入市场流通的前提条件,《关于构建数据基础制度更好发挥数据要素作用的意见》提出,在国家数据分类分级保护制度下,推进数据分类分级确权授权使用的发展方向。数据确权与授权是数字时代的重要课题,不仅关乎数字技术的进步、经济的发展和法律的公正,还关乎数据巨大潜力的释放程度,打造科学可靠的数据知识产权登记平台不仅能为数据确权与授权提供便利,还能有效地推动数据确权与授权的发展壮大。为此,杭州市依托数字经济产业发展优势和浙江数字经济政策支持,探索数据产权登记新方式,科学有序地推进数据确权工作。

首先,依托"浙江省数据知识产权登记平台"承接数据知识产权的申请、审查、公示、公告、发证等业务办理,并与浙江知识产权交易中心、浙江大数据交易中心等平台打通,推进数据知识产权转化运用。该平台不仅明晰了数据权益归属,也在一定程度上激发数据处理者创新利用数据的积极性,更好地发挥数据要素的技术特征、经济特征和市场属性。其次,依托浙江数据知识产权一体化服务平台(数知通),为数据确权与授权提供全方位的服务,该平台贯通数据知识产权整个链条,开放共享平台信息资源,引入数据知识产权挖掘培育、登记申请、价值评估、交易运用、金融转化等专业化市场服务。同时,数知通已与浙江省高级人民法院"法护知产"在线协同应用打通,实现数据知识产权行政司法保护信息共享、证据互认。最后,不断优化数据知识产权登记公共平台的运行模式和业务范围,为数据确权和授权提供更科学和优质的平台支持,如不断优化平台的应用体验,不断开拓数据知识产权供给渠道,实现

证书跨省互认、权威认可,发挥数据知识产权保护运用总枢纽作用,进而在做大数据确权与授权规模的基础上,系统推进数据创新开发、传播利用和价值实现,为数据基础制度构建提供杭州方案。

(三)以数据知识产权保护为支撑,为数据权属者提供法律保障

数据确权是激发数据要素活力和释放数据赋能效应的起点,而强有力的数据知识产权保护是数据确权工作深化发展的重要推力。为此,《关于构建数据基础制度更好发挥数据要素作用的意见》提出了健全数据要素权益保护制度,逐步形成具有中国特色的数据产权制度体系的发展目标。为提高杭州数据确权的规模与质量,2024年1月26日,杭州市数字经济产业知识产权保护中心正式挂牌运行,标志着杭州在数字经济知识产权保护领域迈出了具有里程碑意义的一步,既为杭州向着高水平重塑"全国数字经济第一城"的目标提供更有力的知识产权支撑,也为杭州市数据确权主体的权益保护提供了强有力的组织保障。这是杭州落实省委"数字经济创新提质"一号发展工程,打造国家知识产权保护示范区标志性成果的重要举措,也是杭州在数字经济领域的全国首创成果之一。作为全国首个产业类知识产权保护中心,杭州保护中心全面构建市级层面数字经济产业全门类、全链条知识产权保护和公共服务"总平台",推动本地企业快速抢占数字经济领域关键技术赛道,促进更多科技创新成果从"实验室"走向"生产线",为杭州打造数字经济知识产权保护优选市提供有力支撑。

首先,作为全国首个产业类知识产权综合服务平台,杭州市数字经济产业知识产权保护中心开设了一批涵盖数字经济产业专利快速预审、数据知识产权登记、商业秘密保护、政策兑现等知识产权涉企服务事项的全门类统办窗口,集成知识产权全门类服务事

项,加快推动数字知识产权服务从"一件事"向"一类事"转变,从单一便捷向综合赋能转变。其次,杭州市数字经济产业知识产权保护中心积极开展数据知识产权制度改革试点,持续探索数据知识产权保护路径,加大数据知识产权登记覆盖面,拓展数据知识产权登记证书多场景应用,健全数据知识产权标准体系。再次,杭州市数字经济产业知识产权保护中心全力打造数字经济产业知识产权纠纷快速处理协同机制,推进数字经济产业全门类知识产权纠纷人民调解机制建设,实现全流程在线纠纷化解服务。最后,杭州市数字经济产业知识产权保护中心尝试构建数字经济产业知识产权涉外风险防控机制,上线"杭州企业海外知识产权纠纷监测系统",面向重点出口企业开展海外知识产权风险定期分析监测和预警信息实时推送,从而为重点企业的数据知识产权保护提供一定的指导。

二、以数据流通推动数据价值实现,提升数商企业数据确权的积极性

(一)以数据产品跨域跨境合作流通为抓手,提高数据要素参与确权的认可度

数据确权与授权是数据进入流通的首要条件,数据确权与授权的跨区域认可度则决定了数据流通的范围和数据价值的充分体现程度。数据确权与授权的跨区域认可度越高,数据要素参与确权与授权申请活动的积极性就越高,从而使更多的数据有机会进入流通环节和价值体现环节,进而进一步激发数据要素的活力,使之更好地发挥赋能经济增长质量提升功能和新质生产力培育功能。为此,杭州一直致力于数据产品的跨区域合作,为数据确权与

授权提供更为广泛的应用范围。

首先,杭州积极扩大数据要素流通"朋友圈",如与南京结成数据交易合作伙伴,实现数据产品"互认互通",南京数据交易平台设立"杭州专区","上架"了来自杭州数据交易所的 8 款产品,杭州数交所也设立了"南京专区",南京 12 款数据产品在杭州"上架",标志着宁杭两地在数据要素流通领域的深度联动、区域间数据资源共享取得实质性突破,进而实现产品互认、需求互动、标准互通、主体互信,打破地域限制,"一地上架,多地互认",共同打造合规高效的数据交易市场体系,激发数据要素市场活力,为实现数据要素市场化配置、发展新质生产力贡献力量。其次,杭州市依托浙江大数据交易中心,积极融入由国内七家省级数据交易机构发起并建设的联盟型数据交易链,该数据交易链面向数据要素流通市场全产业全流程,提供数据交易基础服务、数据交易增值服务、数据交易保障服务、数据资产金融服务等,从而实现数据产品更大范围内的互认,即"一地确权、全网流通",极大地拓展了数据确权的应用范围,最终提升数据要素参与确权的积极性。最后,杭州积极拓展数据产品国际合作空间,于 2022 年 12 月揭牌成立了杭州国际数字交易中心,聚焦数据可信流通与数字文化,通过数据确权、数据产品评估确权和交易撮合等方式推进国际数据互认,在数据要素确权服务和数字资产交易双赛道齐发力,培育数字应用新兴商业模式和新兴业态,打造合规高效的跨境数据交易市场体系,激发数据要素市场活力,拓展数据确权的认可范围。

(二)积极推进数据要素流通合规建设,为数据确权营造良好的流通环境

数据确权的根本目标是推动数据进入流通环节,使数据要素的价值得以充分发挥,进而激发数据要素的活力和赋能经济高质

量发展的能力。良好的流通环境是确保确权的数据充分发挥其价值和赋能功能的关键所在，流通过程中合法合规环境的缺失会使数据流通处处遇堵点，从而使得数据价值与功能难以体现，进而打击数据确权申请的积极性，甚至让数商企业不愿流通、不敢流通、不愿确权，最终不利于数据要素价值的体现。为此，杭州市积极推进数据要素流通的合规性建设，为确权后数据的价值实现和功能实现提供强有力的支持，进而提高数据确权申请的积极性。

首先，杭州"中国数谷"推出了《"中国数谷"数据要素"改革沙盒"试点方案》，"改革沙盒"遵循自愿加入、发展先行、安全可信、合规高效等四大原则，围绕公开数据加工确权、数据流通链式授权等痛点难点，构建包容审慎监管制度，优化顶层设计，在深刻把握数据要素特征基础上，力求在流通促进和安全监管、数据的"放管服"之间探索平衡，为数据流通营造高效科学的合规环境。其次，杭州构建了"中国数谷"数据要素流通合规中心和"中国数谷"数据要素合规委员会，"中国数谷"数据要素流通合规中心作为全国首个数据要素流通合规中心，将实体运作"改革沙盒"具体工作，持续探索数据要素合规流通规则范式建设，全面搭建起数商企业"合规指引—合规评价—合规激励"的预防性合规体系建设闭环，以制度创新支撑技术和服务创新，推动构建世界领先的数据产业营商环境，以提高"供数"企业的主动性，最终扩大数据确权规模。最后，"中国数谷"成功打造了包含数据交易场所、数联网、数据发票（又称"数据合规流通数字证书"）和区块链跨链互认机制的"三数一链"型数据可信流通基础设施框架和治理体系，在"三数一链"的框架下，数据交易有了专门的场所、专属运输通道和专用的数据发票，明确了数据从哪里获取、由谁授权、是谁在使用和加工，这也让供数、用数双方有了更加安全合规的有力保障，极大地提高了数据确权的规模和积极性。

(三)积极鼓励数据进入流通环节,探索确权数据的价值化之路

实现数据价值化是数据确权的重要目的,也是实现数据赋能经济高质量发展、推动经济增长动能优化和培育新质生产力的关键所在。鼓励数据进入流通环节可以加快数据要素的价值释放、提升企业对数据要素价值的利用水平、提升数据获取和使用效率,进而增强数据要素对产业链韧性的促进效应。此外,鼓励数据要素进入流通环节还能加快生产网络节点的企业数字化转型,弥合上下游企业数字技术落差,扩大上下游产业链韧性一体化协同提升的企业覆盖面,最终推动国家层面产业链韧性的攀升,推动产业链关键环节自主可控,最大化数商企业数据确权的商业价值,提升数商企业数据确权的积极性。

首先,以补贴激发数据流通的积极性,杭州依托"中国数谷"、全球数字贸易博览会和杭州数字自贸区,在数据资产登记、数据资产评估和入表、数据资产金融创新等方面,不仅先行先试和主动探索,还对数据资产确权入表活动进行奖励和补贴,如杭州市高新区对于首次入表金额大于 100 万元的数据要素,可给予最高 50 万元的补贴。其次,鼓励确权后的数据以资产的形式进行融资,如杭州高新区对于利用数据知识产权等知识产权质押获得金融机构贷款的企业,可按照年度银行贷款市场报价利率(LPR)的月均利率的 50%予以贴息资助,每家企业年贴息额度最高 200 万元。最后,杭州高新区还奖励通过"三数一链"进行数据登记流通的企业,企业每获得一份数据知识产权登记证书,可得奖励 1000 元,企业每年最高可获得 3 万元奖励。对于这一类企业,杭州高新区连续三年给予使用费用的减免补贴,促进数据要素更多地进入流通环节,从而在价值实现的基础上,为数据流通提供可复制的经验,也提高数

商企业数据确权的积极性。

三、聚焦数据要素市场主体建设，推动数据确权高水平发展

(一)加快培育数据要素市场主体，助力数据确权规模与质量双攀升

数据已成为数字经济时代的基础性资源、重要生产力和关键生产要素。数据要素市场主体是数据的供应者，在数字经济发展、数字技术、模式、业态、制度创新与数据交易生态构建中发挥着关键作用，数据要素市场主体也是影响数据确权和数据流通效果的重要因素，优质的数据要素市场主体不仅能为数据市场要素流通规模的扩大提供支撑，还能为数据市场要素质量攀升提供支持。为此，加快培育优质的数据要素市场主体，对于积极推进数据确权、激活数据要素新动能和充分发挥数据要素对经济发展的积极作用等发展目标而言，具有重要的现实价值。实践中，杭州积极培育数据要素市场主体，以杭州市高新区为例，其专门出台了《关于促进数据要素产业高质量发展的实施意见(试行)》来推动数据要素市场主体做大做强。

首先，支持中央企业、省市属国有企业、互联网平台企业以及其他有条件的单位，设立或迁入数据集团、数据公司或数据研究院，如果其被认定为"基石数商"，且项目特别重大，就可通过"一事一议"，获得最高5000万元资助，用于办公及生产投入、研发投入、市场开拓、扩大投资、强化自身数据集建设等。其次，积极培育数商企业梯队。经认定为"基石数商""星火数商"并通过"三数一链"进行数据流通交易的数商企业，最高分别给予一次性奖励100万

元、20万元。再次,鼓励数商企业集聚。①经认定,新落户的数商企业租用区内物业可给予为期3年的房租补贴;②经评估,优质数商企业可优先入驻"中国数谷"大厦;③在高新区无自有办公用房且营业收入不低于10亿元的数商企业,在高新区首次购置除工业综合体物业外的自用办公用房,按不超过购房价的10%予以补助,最高3000万元。最后,积极壮大数据流通服务型数商队伍。支持企业、科研院所和第三方机构为数商提供数据集成、数据知识产权登记、数据经纪、合规认证、安全审计、数据公证、数据保险、数据托管、资产评估、争议仲裁、风险评估、人才培训等专业服务。对上一年度场内专业服务收入达到500万元以上的服务型数商,按照不高于其数据交易服务收入的1%,给予每家单位最高20万元的奖励,每年奖励最多10家企业。

(二)注重数据要素标准建设,推动数据确权效率提升

数据要素标准在数据确权入表和流通中具有基础性、全局性和引领性作用,既是推动数据技术创新应用、促进数据产业高质量发展、建设和运营国家数据基础设施、加快建设全国统一数据市场的重要支撑,也有助于促进数字经济可持续发展、引领数字经济体系化发展、推动数字经济高质量发展和催生数字经济新业态,更是数据确权效率提升的重要推动力量,此外,数据要素的标准建设,还能推动数据要素在经济社会发展各个领域的广泛应用,最大化数据的价值,有助于提升数商企业数据确权的积极性。

首先,围绕国家建设数据标准体系发展战略,杭州鼓励域内企事业单位积极进行数据要素标准化探索和实践,并积极发布标准化建设成果,如网易结合自身的数据要素标准化建设经验,发布了《网易数据标准化实践白皮书》,此外由浙江大学、之江实验室、浙江大数据交易中心、天枢数链(浙江)科技有限公司、杭州金智塔科

技有限公司联合发起成立的数据要素流通标准化工作组，在深入研究数据要素标准化体系建设的基础上，持续发布《数据产品交易标准化白皮书》。其次，大力支持数据要素标准化体系的建设，杭州出台了数据知识产权交易地方标准——《数据知识产权交易指南》《数据知识产权市场化定价指南》，此外杭州还对参与数据要素标准化建设的企事业单位进行奖励，如杭州高新区对主导和参与制定数据要素国际标准、国家标准和行业标准并发布的企业，均进行现金奖励，最高可给予 100 万元的奖励，从而加速数据要素标准体系的建设。最后，积极推动数据要素标准的国际国内互认，根据杭州市《关于高标准建设"中国数谷"促进数据要素流通的实施意见》的要求，杭州市积极鼓励企业及社会组织主导或参与国际数据要素标准制定或国际标准互认，以抢占数据交易标准话语权，并对主导或参与制定国家、浙江省以及行业的数据要素相关标准的企业予以政策倾斜，从而实现数据要素的标准互通，提高数据确权的效率和效力，促进数据要素价值的最大化，促进数字经济产业的高质量、高标准发展。

(三)注重数据产业生态打造，为数据市场主体高水平发展提供支撑

数据产业生态不仅是数字经济高质量发展的重要基石，还是数据要素市场主体做大做强的关键支撑，更是数据要素不断涌现和数据高效确权的关键所在，也有助于推动数据要素高效合规地流通。在数据产业生态建设方面，杭州始终走在前列，不断加强数据要素的软硬件基础设施建设，加快构建以数据要素为核心、以高水平数据市场主体为支撑和以高效数据确权为关键点的数据产业体系，从而以更大力度、更优资源、更实举措推动数据确权发展壮大，奋力打造"数据产业第一城"和数据确权示范之城。

　　首先，以杭州数据交易所为支撑，不断完善数据市场主体高水平发展的应用场景，通过搭建数据交易平台，为全市数据供需双方提供上架、交易及履约交付等服务，杭州数据交易所还通过公共数据授权运营平台进行全周期安全监管、全链路开发管理、全流程运营管理，积极推动"规则＋市场＋生态＋场景"四位一体机制，实现公共数据"管得住"，数据流通"放得开"，为数据流通和数据市场主体高水平发展奠定了扎实的生态基础。其次，杭州以电子商务、信息软件、数字内容等产业优势为支撑，以良好的市场环境和发达的数字经济基础为切入点，积极打造以数据要素为关键引领、以数据市场主体培育为支撑的数据产业生态圈，集聚了阿里巴巴、蚂蚁科技、华为杭研所、网易、海康威视、大华技术、新华三等知名的数据型高新技术企业，既形成了有杭州特色的数据产业生态体系，也为数据要素市场的发展提供了更多的市场主体和更多待确权的数据要素资源。最后，杭州全面推进中国数贸港建设，全力构建全球数字贸易创新引领策源地、前沿趋势发布地、要素资源配置地和开放提升国际枢纽，建设全球数字贸易中心，为数据要素市场主体做大做强打造更为优质的数据产业生态圈，进而扩大数据要素供给，增强数据确权的需求，为推动杭州成为数据确权示范之城打下扎实的生态基础。

实践案例篇

数字自贸创新实践案例之一：
多维度提振跨境电商高质量发展

2024 年 11 月，浙江省"地瓜经济"提能升级"一号开放工程"第四批最佳实践案例发布，涉及跨境电商、增值化服务、新质生产力、加速企业出海等方面，体现了杭州在提升创新能级、推进改革攻坚、壮大开放平台方面的生动实践和优秀经验，有助于多维度提振跨境电商高质量发展。

探索外贸发展新业态，打造经济增长新引擎，杭州市余杭区全力推动跨境电商高质量发展。余杭区集聚了年交易规模超百亿元的跨境电商平台 4 家，省级跨境电商出口知名品牌 17 个（入选数量全省第一），省级跨境电商产业园 3 个，2022 年度、2023 年度连续两年获评杭州市跨境电商综试区考核第一档"卓有成效"。主要做法包括做好"模式创新"文章，加快"基地＋基金＋政策"的新业态模式探索；做好"主体培育"文章，开展"树品牌＋链产业＋办赛会"的全路径扶持行动；做好"服务提升"的文章，建立"跨境链路＋物流保障＋海外网络"的全要素赋能机制。

全方位推进跨境出海，服务开放型经济发展——杭州综试区全力推进跨境电商高质量发展。自 2016 年 1 月至 2024 年 9 月，杭州跨境电商规模增长 1166 倍，卖家数增长 317 倍，在杭跨境支付机构服务全国七成用户、产品触达全球 90％以上国家（地区），海外仓数量和面积全国领先，首创的"六体系两平台"杭州经验被推广到全国，从体制、机制和行业发展等各方面引领全国跨境电商发展。主要做法包括：加快主体培育，做大企业规模；推动产业集聚，形成出海合力；强化人才引培，支撑企业发展；布局仓储物流，优化服务网络;强调品牌出海,力求长期发展;深化国际合作,调动各类资源;加强创新引领,探索改革突破;夯实政策保障,优化营商环境;完善产业链条,构建产业生态。

杭州市钱塘区推进海外仓建设,助力外向型经济发展。钱塘区合计建设海外仓 62.23 万平方米,涵盖了美国、墨西哥、澳大利亚、越南、菲律宾、印度尼西亚、马来西亚、泰国、德国、比利时等 11 个国家和地区。其中公共海外仓 13.69 万平方米,服务客户数量 4731 家,凯西国际美国仓、阿里 eWTP 泰国仓被评为省级跨境电商公共海外仓。海外仓的建设有助于钱塘区外向型经济的发展,提升中国商品的国际竞争力。主要做法包括:为出口企业提供高效、便捷的物流服务,降低政策风险;延伸海外仓增值化服务链条,促进外贸企业产业链整合和优化;数字化赋能外贸企业,帮助企业向"数据"要效益,增强企业竞争力;依托海外仓复制推广国内先进的监管方式和管理经验,探索新型国际贸易规则。

杭州市萧山区以增值化服务赋能产业社区发展,助力"中国视谷"视觉智能产品销往全球。萧山区全力打造"中国视谷"产业社区,持续提升增值化服务水平,推动"中国视谷"创新招商模式、深化产业合作、优化服务场景,助力视觉智能产业资源加快集聚、产品服务销往全球。2023 年,杭州视觉智能产业总营收达 7763 亿元,规模处于全国第一梯队,其中海康威视、浙江大华、宇视科技占全球视觉智能市场份额近 60%。主要做法包括:创新招商模式,推动建链延链强链;深化产业合作,推动共建共享共赢;建优服务场景,助企创业兴业强业。

以新质生产力"三个提升"为支点,撬动"临品出海"新动能。杭州市临平区锚定打造杭州"城东新中心",承接浙江省开放提升三项试点,勇担融长接沪、打造国际化科创化开放高地的重任。作为全省首批中小企业数字化改造试点、全省首批数据管理国家标准贯标试点,在推动产业转型升级、塑造外贸新优势、展现强区担当进程中,临平正不断以新质生产力擦亮高端制造、跨境电商等出口"金名片",扎实打造"中国智造,临品出海"开放新样板。主要做法包括:高能级提升开放生态位,谋篇布局夯实"地瓜"生长沃土;高质量提升企业智造主体地位,"三化并举"促"地瓜"枝繁叶茂;高水平提升营商环境开放度,政务服务助"地瓜"根强茎壮。

数字自贸创新实践案例之二:
全面构建跨境数据有序流动体系

对数字经济与数字贸易而言,跨境数据流动作为底层支撑,正在成为驱动全球经济增长的新动能。国务院印发的《中国(浙江)自由贸易试验区扩展区域方案》明确提出,在国家数据跨境传输安全管理制度框架下,试点开展数据跨境流动安全评估,探索建立数据安全管理机制。2020 年 8 月 30 日,国务院批复同意《中国(浙江)自由贸易试验区扩展区域方案》,杭州再次迎来腾飞的新机遇。当前,杭州正依托自贸试验区高能级开放平台,探索构建便捷、高效、安全的数据跨境流动体系,激发数据要素价值,加快推进数字领域制度型开放,全力打造国内首个数字自贸试验区。

既高效又合规　"三数一链"释放数据要素价值

《中共中央 国务院关于构建数据基础制度更好发挥数据要素作用的意见》中明确提出,支持浙江发挥好自由贸易试验区高水平开放平台作用,引导企业和科研机构推动数据要素相关技术和产业应用创新。针对数据要素流通交易在形成产品和服务中存在的数据流通难、交易合规难、存证互认难等问题,杭州自贸片区滨江区块依托"中国数谷"推出数据要素改革沙盒试点,建立"中国数谷"数据要素流通合规中心,构建"三数一链"数据可信流通基础设施框架和治理体系。"三数一链"即数据交易场所、"数据发票"(数据合规流通数字证书)、数联网和区块链跨链互认机制,可被视作无形的"高速公路"。通过共建"高速公路",企业可将数据资源安全、合规、快速地"运往"滨江区块,由数商加工处理,并基于相关数据形成服务或者产品,从而实现降本增效等目的。截至 2024 年 11 月,"三数一链"框架体系已经率先在金融、生物医药、多媒体等行业的六个场景中落地,浙江大数据交易中心、杭州数据交易所已落户"中国数谷",累计上架数据产品 1767 个,注册数商 1254 家,完成交易 45.75 亿元。此外,杭州自贸片区先后落地数据资产订单担保贷款、数据知识产权质押融资证券化产品、数据知识产权被侵权损失保险、数据信托等试点,推动数据在合规流通中实现价值最大化。

既分类又分级　出台数据跨境管理办法

随着互联网技术的飞速发展及全球经济的深度融合,数据成为一种重要的资源和资产,其安全有序流动已经成为驱动国际贸易变革、促进数字经济发展、推动科技创新的关键力量。自 2022 年 9 月 1 日国家网信办在全国实施《数据出境安全评估办法》以来,杭州自贸片区一直在积极推进数据出境安全评估申报。2024 年 3 月 22 日,国家网信办发布的《促进和规范数据跨境流动规定》指出,自贸试验区在国家数据分类分级保护制度框架下,可以自行制定区内需要纳入数据出境安全评估、个人信息出境标准合同、个人信息保护认证管理范围的数据清单(以下简称负面清单),经省级网络安全和信息化委员会批准后,报国家网信部门、国家数据管理部门备案。在吸收杭州自贸片区滨江区块数据跨境流动先行探索经验基础上,在省委网信办、省商务厅、市委网信办指导支持下,

2024 年 9 月 1 日,《中国(浙江)自由贸易试验区杭州片区数据跨境流动分类分级管理办法》(以下简称《管理办法》)试行。《管理办法》全面深入对接国际高标准经贸规则,开展数据跨境领域规则创新,探索制定数据跨境流动分类分级制度、重要数据目录、负面清单及一般数据清单,构建一般数据规范便利出境的绿色通道,指导和帮助数据处理者高效合规地开展数据跨境流动。《管理办法》以跨境电商、智能物联、跨境金融、数字物流、数字文化、生物医药等领域为重点,以数据跨境流动最迫切的典型场景为切入口,对数据跨境流动分类分级进行了明确规定:对于重要数据目录内的数据,数据处理者需根据相关要求申报数据出境安全评估;负面清单外的数据,可以免予申报数据出境安全评估、订立个人信息出境标准合同、通过个人信息保护认证;一般数据清单内的数据,在满足数据安全保护及相关法律法规要求下可以自由流动。重要数据目录及一般数据清单需要根据相关情况随时更新。该办法的试行,完善了杭州自贸片区数据跨境管理制度,进一步释放了数据跨境流动红利,有力支持了杭州打造全国数字经济第一城和数字贸易最强市。

从标准到立法　数据基础制度实现有法可依

数据要素作为新型生产要素,已经成为土地、劳动力、资本、技术之后的第五大生产要素。当前,数据要素领域面临确权难、定价难、互信难、入场难、监管难等关键共性难题。如何发挥数据核心要素资源的资产属性作用?如何张弛有度地促进数据要素流动?浙江自贸试验区杭州片区启动建设以来,通过发布数据领域相关地方标准、出台数据领域相关法规,进一步深化数据要素市场化改革、促进数据跨境安全有序流动。比如,"权利人对经过一定算法加工、具有实用价值和智力成果属性的数据,依法享有专有的权利",这是《数据知识产权交易指南》杭州地方标准中对数据知识产权的定义。这一杭州地方标准,从滨江区块此前落地的全国首单基于区块链存证数据知识产权质押融资项目等创新案例中吸取经验,提供了数据知识产权交易的基本原则、交易主体、交易流程、评价和改进等建议,从顶层设计角度为数据知识产权交易提供了保护,并从具体实践和规范落地层面推动数据知识产权交易市场的形成。探索不止于此。数据资源作为数字贸易关键要素,被《杭州市数字贸易促进条例》多次提及。这部全国首部数字贸易领域地方性法规,从业态模式提升、主体培育、开放与合作、数字营商环境、保障措施等多方面进行了规范,构筑起了与数字贸易创新发展相适应、相配套,与国际高标准经贸规则相衔接、相融合的法规制度。其中,《杭州市数字贸易促进条例》在构建基础数据服务产业体系、多层次市场交易体系、多元化数据流通模式,支持培育数字信任生态体系,完善公共数据授权运营机制,健全数据安全保障体系,制定和实施数据跨境流动及存储规则等方面进行了规范,为促进数据全产业链和数字贸易健康发展提供了法治保障。《杭州市数据流通交易促进条例》经市十四届人大常委会第二十次会议审议通过,该条例从数据权益、数据开放与授权、数据要素市场培育、保障措施等多个方面作出规定,进行创制性立法探索,将激发自贸试验区数据产业发展活力,吸引集聚数据要素企业。从严谨的数据标准制定到具有里程碑意义的立法创制,杭州在数据流通交易、数据要素价值挖掘和数据跨境安全有序流动等数据基础制度方面填补了国内空白,为杭州自贸片区对标 DEPA 提供了实践案例。

从杭州到全国联动　自贸试验区促进数据跨境流动

当前,数据跨境流动正在逐步超越贸易、投资全球化,引领全球经济实现新增长,其在打造数字经济发展新优势上的作用越来越凸显。作为全国数字经济第一城,杭州将推动数据跨境流动制度体系建设列为重点方向,通过与兄弟自贸试验区跨区域合作,共同探索数据跨境流动的新模式和新机制。第二届数贸会上,杭州自贸片区管委会与上海自贸区临港新片区管委会签署了《数据跨境领域合作备忘录》;2024 年的第三届数贸会高标准经贸规则视野下数字自贸区产业对接会上,杭州自贸片区管委会与海南国际经济发展局、海南洋浦经开区管委会共同启动跨区域数据跨境合作倡议。展望未来,杭州自贸片区将继续深化数据流通交易与跨境流动领域的探索与实践,不断完善相关政策体系,推动数据要素市场的健康发展。同时,加强与国内外自贸试验区合作交流,对标数字领域高标准经贸规则,共同构建开放、包容、安全、高效的数字贸易生态体系。

数字自贸创新实践案例之三:
打造数字贸易金融创新工具

境外支付机构自贸区 NRA 账户结汇(中国银行杭州分行)

2024 年 7 月,浙江省自贸试验区杭州片区发布"2024 年第一批优秀制度创新案例","境外支付机构自贸区 NRA 账户结汇(中国银行杭州分行)"成功入选。近年来,中国银行浙江省分行积极响应数字贸易国家战略,通过全球化的服务网络和综合化的金融产品,不断创新金融服务模式,为浙江省数字贸易的发展提供了坚实的金融支持。

2024 年 3 月 25 日,浙江省商务厅等 9 部门印发《关于推动浙江自贸试验区制度型开放若干意见》,允许境内持牌支付机构境外关联公司通过自贸区 NRA 账户办理跨境电商收结汇业务。围绕数字自贸区建设,中国银行浙江省分行聚焦数字贸易核心,积极为跨境电商、市场采购、外贸综合服务平台等外贸新业态、新模式提供金融解决方案。跨境电商方面,中国银行浙江省分行积极探索高水平开放型经济制度前沿,创新"境外支付机构自贸区 NRA 账户结汇"方案,2024 年 4 月首笔业务成功落地,截至 2024 年 9 月累计服务 1.8 万余家跨境电商,该方案入选 2024 杭州自贸片区联动创新第一批优秀制度创新案例。通过为境外支付机构在自贸区开立 NRA 账户的方式,实现对其境外资金归集账户的替代,形成"境外支付机构自贸区 NRA 账户结汇—跨境人民币收款"资金流向的管控体系,破解跨境电商结算资金长期滞留境外难题,保障商户权益和跨境支付安全。

NRA 账户全称为境外机构境内账户(non-resident account),是指在境外(含港澳台地区)合法注册的机构按规定在银行开立的境内账户,不包括境外机构境内离岸账户(境外机构按规定在依法取得离岸银行业务经营资格的境内银行离岸业务部开立的账户)。人民币 NRA 账户具有地域普适性、资金划转便捷性等特点。随着我国金融改革的深入和金融开放的扩大,各地方金融机构在 NRA 账户业务方面也进行了有益创新探索,丰富以非居民为主体的离岸金融服务,接轨全球金融市场、融入金融全球化。

数字贸易跨境支付智能风控反洗钱(连连科技)

在跨境贸易领域,跨境支付机构的反洗钱风控能力尤为重要。2024 年政府工作报告提出,要推动外贸质升量稳,优化跨境结算、汇率风险管理等服务。提升中小微外贸企业跨境金融服务体验,成为稳外贸的重要抓手。如何甄别客户是否在假借贸易形式进行洗钱活动?如何建立高效的反洗钱风控体系?这些都是跨境支付行业长期关注的焦点。

连连数字科技股份有限公司成立于 2009 年,是中国数字支付解决方案市场的领导者以及全球贸易数字化的赋能者,是中国率先在全球范围内提供全面支付解决方案的数字科技公司之一,并于 2024 年在香港交易所主板挂牌上市(股票代码:2598.HK)。

一直以来,全球化是连连数字的战略发展方向。在推进全球化部署过程中,连连数字始终秉持“合规先行、牌照先行”的理念,以及注重以本土化推动全球化战略,包括设立多个海外办事处、组建本土运营团队、获取当地牌照、加强与当地金融机构合作,等等,这些均为其构建全球化服务能力、在全球市场保持强竞争力提供了坚实的保障。截至 2024 年 6 月,连连数字已建立由 60 余项支付牌照及相关资质组成的全球牌照布局,覆盖中国、新加坡、美国、英国、泰国及印度尼西亚等多个重要市场;在九个国家及地区建立了 16 个海外办事处。在欧洲地区,连连数字已相继获得英国授权支付机构(API)牌照、卢森堡 EMI 牌照,且与多个欧洲跨境电商平台达成了官方合作。

同时,依托全球牌照布局、专有技术平台及广泛的合作方网络,连连数字已建立了覆盖 100 多个国家和地区的全球支付网络,可向跨境电商客户、平台和机构客户、外贸客户、留学教育机构客户等多种类型客户提供广泛的数字支付服务及增值服务,帮助客户在全球贸易数字化转型中取得成功。年报显示,2023 年,连连数字的数字支付服务总支付额达到 2.0 万亿元,同比增长 73.5%,服务的活跃客户数量 130 万家,同比增长 50.8%;总收入 10.28 亿元,同比增长 38.4%;毛利率保持在 56% 的高水平。

值得一提的是,连连数字科技积极创新智能风控反洗钱技术,运用毫秒级指标计算引擎和实时智能决策引擎,实现对交易模式的自动化学习与精准辨识,防范化解日益复杂的欺诈和洗钱风险,保障跨境支付业务高效开展,为更多跨境企业解决他们在拓展全球业务过程中面临的一系列痛点。未来,连连科技仍将紧密围绕构建"双循环"新发展格局等国家战略,坚持以全球牌照布局作为支撑,积极整合自身境内外资源优势,加快海外市场布局,提升全球经营和服务能力,打造强大的全球支付品牌,为跨境企业把握全球电商市场的发展机遇"铺路搭桥",为新质生产力的加快形成、全球贸易发展开辟新空间"添翼赋能"。

数字自贸创新实践案例之四:

争做营商环境建设的先行者

杭州市高度重视数字营商环境建设工作,制定印发了《杭州市国家营商环境创新试点实施方案》,切实提升数字营商环境水平,精益求精,打造全国营商环境最优城市。

一是提供精简高效政务服务。杭州市作为目前浙江省营商环境建设的先行者,已出台《杭州市优化营商环境条例》规范优化建设的过程。一方面,杭州市推进数字技术改革,充分地让数字提高效率、便利民生;另一方面,多个"一"试点改革顺利实施运行,从多方面更好地稳经济、促发展。首先,通过推进电子证照、电子签章应用改革,银行开展线上业务办理,企业实现线上确认信息,减少耗时费力的线下操作流程,提高办事效率,提升政务服务满意度,以数字技术助力营商环境优化。其次,杭州市强化数字赋能,推行容缺受理、告知承诺制、电子证明等方式,率先在全国的多部门中实现企业办事凭营业执照即可通办,减少企业申报材料的准备,实现绿色办事,极大地精简了办事流程。同时,杭州市坚持"应减尽减、能减尽减",推动系统平台集成、数据信息共享、优化信用体系,使每家企业尽可能避免重复填报年度数据并实现企业信用报告"秒开具"。从企业角度出发,通过落实各项政策,提供更高效的政务服务，在节省人力物力的同时，逐步以数字技术推动市场经济发展、赋能营商环境优化。

二是保障资源要素配置管理。一流的营商环境不仅要求城市具备高效的资源配置和管理机制，还要能够不断创新和完善这些机制，以适应不断变化的市场需求和经济发展趋势。杭州利用数字技术，在创新型人才、技术、资金、数据等方面实现了生产要素的全链条供给，为城市的经济发展和创新提供了强有力的支撑。

首先，在创新人才引进发展方面，杭州采取了一系列积极措施，旨在通过"引才、育才、用才、留才"四个环节优化人才发展环境，促进人才与营商环境的和谐共生。比如，杭州通过完善住房补贴、生活补贴等为人才提供工作底气和保障，从而吸引更多高层次人才留杭工作，为打造更优营商环境打下重要基础。同时，杭州积极研究并开拓人才工作法，致力于丰富人才资源、优化营商环境，促进高质量发展。为了提供涵盖创新创业、出行文旅、生活就医等各类需求在内的多种服务，杭州通过迭代升级"杭州人才码"，实现了人才办事、"双创"、生活、服务全面优化升级的目标，以数字技术打造了更优营商环境。其次，在资金方面，杭州市开发上线"杭州 e 融"特色金融综合服务平台，并发布一系列专属融资产品，旨在为中小微企业提供更便捷、高效的金融服务。平台创新推出了多种融资模式，如"定向需求发布，指定银行直接受理""公开需求发布，多家银行抢单"及智能匹配等，以更好地满足企业的融资需求。最后，在数据要素供给方面，杭州市在做好公共数据开放的制度设计基础上，有序推进公共数据开放，出台《杭州市有序开放公共管理和服务机构产生的部分公共数据实施方案》《杭州市公共数据开放暂行办法》《杭州市公共数据开放综合评价指标》等文件，已累计开放几十亿条公共数据，数据集文件下载次数超过千万次。通过不断完善公共数据开放机制，促进数据的共享和流通，释放数据的价值,为数据的利用和开发提供了更多的机会,从而推动数字经济发展,最终以数字赋能营商环境优化。

三是优化流程夯实运作体系。杭州市在项目投资方面取得显著成效。项目落地速度加快,企业办事成本降低,经济发展势头强劲。第一,通过开发"土地码",整合了土地出让、规划审批、竣工验收、不动产登记等业务环节,形成了数字治理新模式。这个新模式的特点在于通过云端赋码、按码提供土地、提供线上服务和见码即发证的方式,实现了工业项目不动产权证发证的"零材料、零等待、零跑次"。新模式的运行使企业在生产基地就能拿到厂房不动产证书,大大简化审批流程,提高审批效率,为企业节省了时间和成本,为工业项目提供更加便捷、高效的服务,有助于促进工业项目的快速落地和投产,以数字技术的优势进一步优化营商环境。第二,杭州市新增和存量工业用地已实现百分百的赋"码"管理,所有工业用地项目情况在"一地一码"平台上一目了然。通过"一地一码"平台,政府可以更好地掌握工业用地项目的实际情况,及时发现和解决存在的问题,有利于政府对工业用地进行更加精准和有效的管理。平台管理促进杭州加快打造数字营商环境,通过不断改进和优化审批流程及管理方式,助力企业快速发展,推动区域经济繁荣。第三,杭州市推行"用地清单制",注重多方面评估普查前置,相关机构对照"用地清单"逐一验收,使企业拿到土地后的注意事项实现"一单清"。杭州采取包括"土地码"创新举措和深化"用地清单制"等在内的打造数字营商环境的创新措施,为企业提供了更加便捷、高效的服务,助力企业快速发展,推动区域经济的繁荣。这些创新措施的实施不仅有助于提升杭州的营商环境竞争力,也为推动区域经济发展提供丰富的经验和借鉴。

数字自贸创新实践案例之五：
落实数据确权中心建设

高质量打造杭州市数字经济产业知识产权保护中心

数据确权是数据要素活力激发和发挥数据赋能效应的起点，而强有力的数据知识产权保护是数据确权发展壮大的重要推力。为此，《关于构建数据基础制度更好发挥数据要素作用的意见》提出了健全数据要素权益保护制度，逐步形成具有中国特色的数据产权制度体系的发展目标。杭州市数字经济产业知识产权保护中心作为打造国家知识产权保护示范区标志性成果的重要举措，也是杭州市在数字经济领域知识产权保护的全国首创成果之一。为扩大杭州数据确权的规模并提高其质量，2024 年 1 月 26 日，杭州市数字经济产业知识产权保护中心正式挂牌运行，标志着杭州在数字经济知识产权保护领域迈出了里程碑式的一步，既为杭州向着高水平重塑"全国数字经济第一城"的目标提供了更有力的知识产权支撑，也为杭州市数据确权主体的权益保护提供了强有力的组织保障。这是杭州落实省委"数字经济创新提质"一号发展工程，打造国家知识产权保护示范区标志性成果的重要举措，也是杭州在数字经济领域的全国首创成果之一。作为全国首个产业类知识产权保护中心，杭州保护中心全面构建市级层面数字经济产业全门类、全链条知识产权保护和公共服务"总平台"，推动本地企业快速抢占数字经济领域关键技术赛道，促进更多科技创新成果从"实验室"走向"生产线"，为杭州打造数字经济知识产权保护优选市提供有力支撑。

首先，作为全国首个产业类知识产权综合服务平台，杭州市数字经济产业知识产权保护中心开设一批涵盖数字经济产业专利快速预审、数据知识产权登记、商业秘密保护、政策兑现等知识产权涉企服务事项的全门类统办窗口，集成知识产权全门类服务事项，加快推动数字知识产权服务从"一件事"向"一类事"转变，从单一便捷向综合赋能转变。其次，杭州市数字经济产业知识产权保护中心积极开展数据知识产权制度改革试点，持续探索数据知识产权保护，加大数据知识产权登记覆盖面，拓展数据知识产权登记证书多场景应用，健全数据知识产权标准体系。再次，杭州市数字经济产业知识产权保护中心全力打造数字经济产业知识产权纠纷快速处理协同机制，推进数字经济产业全门类知识产权纠纷人民调解机制建设，实现全流程在线纠纷化解服务。最后，杭州市数字经济产业知识产权保护中心着力构建数字经济产业知识产权涉外风险防控机制，上线"杭州企业海外知识产权纠纷监测系统"，面向重点出口企业开展海外知识产权风险定期分析监测和预警信息实时推送，从而为重点企业的数据知识产权保护提供一定的指导。与此同时，由杭州市知识产权保护中心牵头制定的杭州市地方标准《专利申请预审服务规范》（以下简称《规范》）正式发布，这标志着杭州正式建立了统一的专利申请、审查规范。在专利预审案件申请量快速增长的趋势下，《规范》兼顾了科学性、客观性、合理性、适用性的原则，合理地吸纳了国内相关标准内容，充分结合了创新主体的知识产权需求，对专利申请预审服务的基本流程、受理审查和评价改进等环节进行了规范及优化。

进一步做好产业"强链"支撑。全速开启数字经济领域专利预审"绿色通道"，充分利用发明专利申请批量预审审查国家试点资源，落地全国首个国家级数字经济产业专利服务工作站，提前启动数字经济产业创新主体专利快速预审备案工作，发明专利预审授权周期提速超 80%。

进一步提高产业"护链"能力。杭州市聚焦产业发展需求,健全数字经济产业全门类知识产权纠纷多元化解体系,构建产业类知识产权涉外风险防控体系,面向重点出口企业开展海外知识产权风险监测和预警,指导企业合理应对海外知识产权纠纷。

进一步提升产业"补链"水平。杭州市着力打造高能级助企平台,设立产业类知识产权线下公共服务中心,开设"统办窗口",实现专利、商标、版权、商业秘密"四合一"管理服务,面向重点产业规上企业开辟绿色通道,加强重点产业集聚区专项服务,推动产业类知识产权保护从"一件事"向"一类事"转变。

下一步,保护中心将聚焦数字经济领域重点产业,探索知识产权与产业协同发展机制,一体推进专利快速预审、快速确权及快速维权,切实提升知识产权全链条服务质效,打造杭州数字经济产业知识产权保护的桥头堡和主平台,着力助推数字经济产业高质量发展,努力打造创新驱动、多跨协同、高效便捷的中国式现代化知识产权保护城市范例。